筑摩選書

大石 始
Oishi hajime

盆踊りの戦後史

「ふるさと」の喪失と創造

盆踊りの戦後史【目次】

第四章　**団塊ジュニア世代と盆踊り——昭和五〇年代**　

第五章 バブル最盛期の盆踊りと衰退――昭和六〇年代～平成初期 155

盆踊りの戦後史

はじめに

二〇〇〇年代以降、盆踊りがコミュニティーのなかで果たす役割について、世間の関心が高まったことが二度ほどあった。

ひとつは二〇一一年の東日本大震災、もうひとつは二〇二〇年の新型コロナウイルスの感染拡大時だ。東日本大震災ではコミュニティーを結び直す力が見つめ直され、コロナ禍では多くの盆踊りが中止となったことから、かえって「なぜ私たちは盆踊りをやるのか」という基本的な動機が見つめ直された。

盆踊りとひとことで言っても地域によって様式や背景は異なるが、いずれの場合も社会のなかで一定の役割を持ち、だからこそ盆踊りは長いあいだ続けられてきた。大震災および世界的な感染症の流行という緊急事態のなか、伝統行事であると同時に、地域のコミュニティー活動でもある盆踊りが古くから担ってきたものについて、改めて考えさせられることになったのだ。

では、盆踊りとは社会のなかでどのような意義を持ち、どのように社会を変えてきたのだろうか。本書では盆踊りの変遷を振り返りながら、地域コミュニティーのあり方が激変している現在、盆踊りがどのような力を持ち得るのか、その可能性についても考えてみたい。

本書で軸足を置くのは、戦後以降の盆踊りの変遷である。盆踊りは戦後、社会の移り変わりと共に変容を重ねてきた。伝統的なものであろうと非伝統的なものであろうと、それ以前とまったく同じスタイルを継承しているものはほとんどないといってもいい。

そうした変容を後押ししたもののひとつが、レコードが普及し、再生機器が安価になったことだ。そのことによって必ずしも特別な技術を持った音頭取りや太鼓奏者がいなくても、盆踊りを簡単に開催できるようになった。高度経済成長期に入るとそれまで盆踊りの習慣がなかった地区や、団地やニュータウンのような新しいコミュニティーでも次々に盆踊りが始められるようになった。新たに立ち上げられたそうした盆踊りは、やがて地域の「新しい伝統」になっていった。

そうした非伝統的な（あるいは「新しい伝統」としての）盆踊りのサンプルとして、幼少時代における僕の盆踊り体験について綴ってみよう。

僕の父は京都出身、母は東京の出身で、僕自身は母の実家にも近い東京都豊島区の雑司《ぞうし》が谷《や》で生まれた。両親は終戦直後に生まれた団塊《だんかい》世代。一九七五年に生まれた僕は団塊ジュニアの世代にあたる。わが家は僕が物心つく前に埼玉県上福岡市《かみふくおか》（現・ふじみ野市）に移り、両親はほどなくして同じ埼玉県の川越《かわごえ》市の外れにマイホームを建てた。

大型トラックが排気ガスを撒き散らしながら走り抜ける国道一六号線沿いのその地域は、数世代にわたって住み続けている旧住民と僕らのような新住民が共存する、いわゆる混住化地域だった。子供同士では両者の間に何ら障壁はなかったが、都心で働く父親が旧住民の男たちと接点を持つことはほとんどなかった。一方、母は旧住民のコミュニティーとなんとかうまくやろうとしていたが、いまから思い返してみると、母親が日常的に親しくしていたのは新住民の母親たちであって、子供の目から見ても、母親と旧住民の間には超えることのできないボーダーラインがあるように思えた。川越に移ってからしばらくすると、両親は父方の祖父母を京都から呼び寄せて三世代の同居生活が始まった。

僕が住む地域でも、夏になると近くの集会所で小さな盆踊り大会が行われた。川越では巨大な山車《だし》が練り歩く川越まつりが開催されているが、僕らのような川越の外れに住む新住民は、伝統ある川越まつりの部外者に過ぎなかった。集会所で行われていた盆踊り大会とは、地域の祭りに参加することのできない新住民たちと古くからの旧住民が共同で運営する、あまりにもささやかな「自分たちの祭り」だったのだ。

母親たちは焼きそばやフランクフルトを出す店を取り仕切っていたが、それは川越まつりに立ち並ぶ露店の素朴なコピーでもあった。ボロボロのホーン・スピーカーからはひび割れた音で「アラレちゃん音頭」や「ドラえもん音頭」がかかっていて、子供たちはダラダラと踊りの輪を回り続けた。小学生だった当時の僕にとっては、活気のない盆踊りよりもゲームやテレビのほうが断然おもしろかったのだろう。小学校も高学年になると、集会所の盆踊りに足を運ばなくなった。中学からは東京多摩地区の学校に通い始めたこともあって徐々に地元の友人たちとも疎遠になり、やがて両親も川越を離れて都心のマンションに移り住んだ。

そんな僕が盆踊りの世界にのめり込むようになったのは、三〇歳を過ぎてからのことだった。西馬音内《にしもない》盆踊りの幽玄さ。阿波《あわ》おどりの熱狂。郡上《ぐじょう》おどりの高揚感。すべてが美しく、惚れ惚れするような風格があった。どこにも地元といえる場所のない自分にとって、歴史ある土地に根付いた盆踊りの数々はあまりにも眩しく、そのリズムに飲み込まれることに喜びと快感を覚えた。

だが、この日本列島にはそうした歴史ある盆踊りと同じぐらい、僕が幼少期に体験したような盆踊りが各地で行われている。そこでは安っぽいサウンドシステムから雑音まみれのアニソン音頭が流れ、浴衣を着せられた子供たちが見よう見まねで身体を揺らす、不恰好《ぶかっこう》なダンスフロアが広がっている。歴史的な厚みや伝統文化としての風格とは無縁。コミュニティーの結束力もなく、やがて違う土地に移り住むであろう家族による、その場かぎりで薄っぺらい盆踊り大会だ。

そういった盆踊り大会は非伝統的かつ素朴なものであるがゆえに、その意義について語られることはほとんどない。だが、そうした盆踊りにもまた、なんらかの役割があったはずだ。だからこそ、非伝統的な盆踊りはいつのまにか地域の「伝統」になり、数十年にわたって続けられてきたのではないだろうか。


そもそも盆踊りとは何か。

源流のひとつとして考えられているのが、時宗《じしゅう》の開祖である一遍上人《いっぺんしょうにん》（一二三九〜一二八九年）が各地に布教した踊り念仏だ。これは鉢や鉦《かね》を手に踊り跳ねながら念仏を唱えるというもので、そうすることで解脱と法悦《ほうえつ》の境地に入るという宗教行為の一種である。

踊り念仏は踊りの側面を強めるなかで、庶民の娯楽となり、芸能化を進めていく。踊り念仏から念仏踊り、そして風流《ふりゅう》踊りへ。そうした変化のプロセスのなかで各地域の芸能や風習、伝統行事、お座敷の文化などと習合し、各地域固有の踊り文化が形成されてきた。現在盆踊りとされているものは、そうした踊り文化のひとつとして形作られてきたといえる。そのため、盆踊りとひとことで言ってもそのスタイルは各地域によって異なる。

古代から行われていたとされる歌垣の風習を盆踊りのルーツとすることもある。これは男女が特定の場所に集まり、求愛歌を即興的に掛け合うというもので、「古事記」や「万葉集」でもその場面が描かれている。この歌垣は、やがて集団で大地を踏み鳴らして歌い踊る踏歌とも結びついていく。

また、盆踊りはお盆に行われる祖霊信仰の行事という一面も持つ。お盆は仏教における伝統行事というイメージが強いが、仏教伝来以前から行われていた先祖祭祀《さいし》が根底にある。それが仏教という外来文化と結びつくことによって、現在も行われているお盆となったのだ。このことも盆踊りのルーツを考える上で、重要である。


そうした伝統的な盆踊りのあり方は、レコードなどの複製メディアやラジオなどの放送メディアが浸透した昭和以降、大きく変容していく。本書で軸足を置くのは、戦後になって各地で立ち上げられた地域のレクリエーション的盆踊りである。ただし、数百年の歴史を持つとされる盆踊りが戦後になって地域振興イヴェント化した場合もあり、「伝統的／非伝統的」のあいだに単純に線を引くことはできない。そのため、本書ではたびたび「伝統的」とされる盆踊りも扱われる。

また、盆踊りは地方によって様式や歴史的背景が異なり、決して全国各地の盆踊り文化を網羅することが本書の目的ではないことは最初に記しておきたい。

僕は二〇一五年に『ニッポン大音頭時代――「東京音頭」から始まる流行音楽のかたち』（河出書房新社）という本を書いた。この本は一九三三年に発表された「東京音頭」以降、音頭というひとつの音楽形態がどのように発展してきたのか、盆踊りの場でかかってきたさまざまな音頭に焦点をあてながら考えたものだった。そこでは土地の歴史と結びついた伝統的な民謡でなく、歌謡曲やアニソン、アイドルソング、コミックソングと融合した新作音頭に重心を置いたが、本書で見つめるのは、そうした新作音頭が鳴り響く盆踊りの場そのものであり、その場を作ってきたコミュニティーの変遷だ。

本書で僕は、幼少期に体験したあのからっぽなダンスフロアのことを思い出しながら、戦後の盆踊りが担ってきた役割について考えてみたいと思っている。戦後の日本はなぜあのダンスフロアを生み出し、現在も必要としているのだろうか？　そこにはアフター・コロナの時代を生き抜くためのヒントが隠されているのかもしれない。

※一部引用文で旧字・旧仮名遣いを改めるなど現代語にあわせて表記を変更した。

第一章

日本の近代化と盆踊り——明治〜昭和初期

1　明治以前の盆踊り

近代化以前

終戦以降の盆踊りの変遷をたどる前に、近代化という名のもと、さまざまな風習が規制された明治以前の時代まで時計の針を巻き戻してみよう。

こちらは一九一四年九月三日、ポルトガル領事館の総領事だったヴェンセスラウ・デ・モラエスが徳島で記した一文だ。

徳島の死者の祭りの踊りは、老人たちが言うには、きわめて熱狂的であった四十年前、五十年前のそれとは、もはや違うそうです。とはいうものの、昨年、三、四日間にわたって私が見たところでは、この日本の社会生活が提示することのできるもっとも風変わりなスペクタクルのひとつです。

伝染性のヒステリックな興奮が人々を支配します。「ぼん・おどり」のことしか口にしません。「ぼん・おどり」のことしか考えません。誰もが昼も夜も街頭に出ますが、祭りがより活気にあふれるのは主として夜です。そのときには常軌を逸したカーニバルとの類似性を見出すでしょう。それらすべてのうちにあるのは、消滅し忘れ去られた未開時代の祖先から受け継いだ強度の神秘的錯乱だと思わないとしたら。

（ヴェンセスラウ・デ・モラエス『徳島の盆踊り』）

現在は阿波おどりとして知られている徳島の盆踊り、それも大正初期における熱狂を伝える名文だ。モラエスはこのとき幕末の盆踊りを体験した老人たちとも会話を交わしているわけで、今からおよそ一五〇年前の徳島における盆踊りの姿を現在に伝える貴重な記録ともいえるだろう。

老人たちが「きわめて熱狂的」だったとする明治以前の徳島の盆踊りとは、同地の町人社会で育まれたものであり、そこにはさまざまな地域からやってきた多種多様な人々が住んでいた。三好昭一郎『徳島城下町民間藝能史論』にはおもしろいことが書いてある。同地の町人社会で暮らす多様な集団をまとめ上げるため、近世初頭から盆踊りが利用されていたというのだ。

これらの町人たちは各町組に軒を並べるが、それぞれ家業を満足に営もうとすると、町組内の人々との共同体的結束を強め、親睦を密にすることによって、何よりも商売繁盛を願って町の賑わいを演出しようとする。そのための都市イベントとして盆踊りを定着させることを必要とした。こうして盆踊りや秋祭りが町人社会で大きく盛り上げられていった。つまり、信仰だけを求めてきた中世的な盆踊りは、一六世紀後半以降に変化し始め、やがて近世初頭の新興の城下町では、町人同士の親睦を深め、町組への人寄せを図るための遊芸的な民間芸能に転形する画期であったといえよう。

（三好昭一郎『徳島城下町民間藝能史論』）

ここに書かれているように、徳島の盆踊りとは当時からコミュニティー内の結束を強めるとともに、町の賑わいを演出するための都市イヴェントという側面を持っていた。ここでは現在にも通じる「盆踊りの効力」が語られているのだ。

その一方で、モラエスが「常軌を逸したカーニバル」と表現したように、徳島の盆踊りではある種の狂乱状態も生み出された。そうした熱狂が一揆へと発展することを恐れた藩主たちは、たびたび盆踊りを取り締まった。一六五七年の御触書《おふれがき》をはじめとして、徳島藩は開催日や開催時間を制限する御触書をたびたび出したほか、一八一四年には徳島藩の中老、蜂須《はちす》

吉成葭亭「阿波盆踊図屏風」（一部）（西野金陵・西野武明氏所蔵）

賀《か》一角《いちがく》が踊りに加わったことで座敷牢に幽閉されるという一件もあった。

「秩序装置」として

盆踊りの暴走に目を光らせていたのは徳島藩だけではなかった。民俗学者である小寺融吉《こでらゆうきち》の『郷土舞踊と盆踊』によると、一六一五年から一七四三年までの御触書を集めた江戸幕府の法令集「御触書寛保集成」には、盆踊りに関するいくつかの御触書が記されている。一六七七年には七月に行われている盆踊りを八月に入っても続けることを禁じ、一七〇九年には「交通の妨害になるので六月の夜中に踊ること」が禁じられた。

ただし、小寺によると、徳川幕府から特権的な許可を得ていた佃島《つくだじま》（現在の中央区佃）では例外的に盆踊りが許可されていたほか、他の地域であっても屋敷内の邸宅にその土地の出身者が集まって踊ることは許されていたらしい。御触書の多くも盆踊りを全面的に禁止するのではなく、条件をつけながら限定的に許可するものであった。そのあたりからは盆踊りの力を利用しながらも、騒乱に発展しないようコントロールしようという幕府の思惑が見え隠れする。

うまく利用すればコミュニティーを結びつけるものになるが、ヘタをすると暴走しかねない。そんな盆踊りの危うさを、社会学者の稲垣恭子はこう分析している。

盆踊りは、それが社会不安の時代にあっては反社会的な集団的行動になる可能性のある舞踊狂熱を年中行事化し、騒乱の中心にもなりうる若者にその中心を担わせることによって、秩序と反秩序のぎりぎりのバランスをつくる秩序装置であったとみることができるのではないだろうか。

（稲垣恭子「若者文化における秩序と半秩序」）

「秩序と反秩序のぎりぎりのバランスをつくる秩序装置」というのはまさに盆踊りの本質ともいえる。反秩序へと発展しかねない若者たちのエネルギーをコミュニティーの中心に配置し、盆踊りによってバランスを保つ。明治以降の盆踊りとは、そうした「反秩序」的要素をコントロール下に置き、いかに「反社会的な集団的行動」へと暴走する可能性を摘み取るかという点に力点が置かれるようになっていく。

性のエネルギーを発散する場

明治維新以降、近代国家として新しい秩序と社会ルールを生み出すべく、政府はさまざまな習俗を悪しきものとして禁止した。民衆のなかで当たり前のように続けられてきた風習が、突如取り締まりの対象となったのだ。

なかでも政府が過敏になったのが「裸体」の取り扱いだ。明治に入ると、公衆浴場での男女混浴が禁止となる。アメリカの初代総領事であるハリスが「私はなにごとにも間違いのない国民が、どうしてこのように品の悪いことをするのか、判断に苦しんでいる」(岡満男『日本の女性』)と問題視したように、欧米人の目には混浴という風習が野蛮な悪習として映った。ただし、当然のことながら当事者たちに罪の意識は微塵《みじん》もなく、禁止令が発令されようとも都市部の一部では明治後期まで混浴は行われていたようだ。

ちなみに、当時はふんどし一丁で戦う相撲ですら「野蛮である」とされ、存続の危機に晒されたという。今から考えると馬鹿馬鹿しいほどの徹底ぶりだが、近代国家を目指す日本は混浴や相撲を「外国人の目に触れさせたくない恥ずべき風習」とし、明治維新までに自分たちが培ってきた身体性をかなり強引なかたちで去勢しようとしたのだ。

そうしたなかで盆踊りも規制の対象となった。なにせ明治以前の盆踊りとは、男女の出会いの場であり、奔放な性のエネルギーを発散する場所でもあった。その実例は枚挙に暇がないが、秋田県の男鹿《おが》半島における一例を挙げておこう。

昔は年がら年中村ではこの踊りよりほかに楽しみがなかったために、それは毎晩のごとく村の老若男女子供のはてまで、家に鍵をかけて踊りに出たそうです。（中略）この盆踊りは若い男女の共楽場なので、愛のササヤキをするには好都合の場所で、あそこにも一組、こちらにも一組という風に盛んなものであった。それで後日またあそこの娘もお産、三助の娘もお産、五郎の娘もお産という風にまた盛んに子を産んだそうであります。それが機会になってシギジレ（自由結婚のこと）をやったという話です。

（吉田三郎『男鹿寒風山麓農民手記』）

井出幸男・公文季美子『土佐の盆踊りと盆踊り歌』には、高知における実例がいくつか挙げられている。四万十《しまんと》川《がわ》市の一部の盆踊りでは裏山の茶畑が若い男女の逢いびきの場になっていたほか、香美《かみ》市物部《ものべ》町の「笹の普賢堂《ふげんどう》の夏祭り」では、仲良くなった男女が林のなかに消えていき、枝葉を折り敷いて共寝をするという風習が伝わっていた。ハリスが聞いたら眉をひそめそうな話ばかりだが、男女の性愛と盆踊りが結びついていたのは当然秋田や高知だけではない。下川耿史《しもかわこうし》『盆踊り 乱交の民俗学』でも書かれているように、各地の農村や山村では当たり前の習慣でもあったのだ。

ただし、盆踊りがそのように奔放な性のエネルギーを発散する場所となっていたことをどう捉えるべきか、今日の感覚からすると少々立ち止まって考える必要はあるだろう。そうした光景を古き良き日本ならではの大らかなものとしてノスタルジーと共に語ることもできるかもしれないが、銭湯での混浴や夜這《よば》いがあたりまえな現代日本の姿はやはり想像することができない。また、そこいら中で男女が絡み合うかつての盆踊りの形を維持することは、社会全体が近代化へと突き進むなかでさすがに無理があった。日本という国そのものがどこかで変わらなくてはいけなかったように、盆踊りもまた、どこかで変わる必要があったのだ。

盆踊りの禁止

各府県で盆踊りの禁止令が通達されたのは、一八七二年から一八七七年にかけてのことだった。禁止の理由は「猥雑で鄙俗《ひぞく》な悪習として禁止」「男女が混交して風儀《ふうぎ》が乱れる」というお馴染みのものである。

混浴がそうであったように、禁止令が通達されたからといってすぐさま盆踊りの火が消えたわけではなかったようだが、それでも禁止令の効力は強かった。明治の数十年のあいだに多くの盆踊りが姿を消し、あるいは著しく衰退した。盆踊りの近代史を考える際、この時期に歴史の断絶があったことは極めて重要だ。

伊東佳那子《いとうかなこ》・來田享子《らいたきょうこ》「盆踊りの禁止と復興に関する歴史的研究」では、岐阜県の郡上おどりにおける事例が取り上げられている。岐阜県で盆踊り禁止令が公布されたのは一八七四年のことだった。また、他県ではこのころ違式詿違《いしきかいい》条例のもと男装や女装といった異性装が禁止され、盆踊りもその対象に含まれた。盆踊りにおいて、踊り手が普段の自分とは違うものへと変装・仮装することは現在も一部で行われているが、明治初期の郡上においてはそうした異性装も「外国人の目に触れさせたくない恥ずべき悪習」とされたわけだ。

健全化される盆踊り

明治の末となり、極端なまでの近代化志向がひと段落すると、徐々に風向きが変わっていく。それ以前のように闇雲に禁止するのではなく、改良を加えて健全化しようという動きが始まるのだ。たとえば、朝方までやっていた徹夜踊りを取りやめ、終了時間を日を跨がない時間帯にまで早める。あるいは下品な下ネタ混じりの盆踊り唄を改良し、健全なものに作り変える。そうやって盆踊りは健全な農村娯楽として復活していく。

それまで盆踊りの運営母体となっていたのは、若者組と呼ばれる地域組織だったが、この若者組も一九〇四年からの日露戦争前後に解体され、青年会・青年団へと再編されていった。地域によって異なるが、十代の一定の年齢に達すると男子は若者組の一員となり、卒業することで一人前の男となった。彼らは村のセキュリティーや危険の伴う労働など、村落社会の面倒を一手に引き受けてくれる存在であった。地域によっては少女たちで構成される娘組があり、若衆宿や青年宿などの場所で彼らが交流することもあった。日本の民俗文化を研究する川村邦光《かわむらくにみつ》は当時の地域組織の変容についてこう書いている。

村長や小学校長が会長になり、家業に励んで贅沢や浪費を戒め、風習を改良する修養団体へと変質していくことになる。〝若者の力〟は地域行政によって管理され、兵力として国家に貢献するように水路づけられていったのである。

（川村邦光『写真で読むニッポンの光景１００』）

健全化を踏まえた盆踊り復活の機運は、大正期に入ってさらに高まっていく。当時の各メディアでは、盆踊りの効力を訴える政府や軍部の要人の論考が見られるようになる。

一九一四年の雑誌『実業之日本』には、海軍軍医総監であり東京慈恵会医科大学の創設者でもある高木兼寛《たかきかねひろ》が「盆踊りは大《おおい》に奨励すべし」というタイトルの論考を寄せている。ここ

盆踊りは大に奬勵すべし
高木兼寛

「盆踊りは大に奨励すべし」（『実業之日本』1914年8月）

では家の歴史と祖先の功績を語り合うことがお盆の意義として語られる一方で、鉦と太鼓を打ち鳴らす盆踊りは害虫駆除の効果もあると主張する。高木は「盆踊りは楽しんで踊りながら虫を追えるので、害虫の駆除が一面において娯楽となるという一挙両得の名法である」と胸を張ったうえで、こう結論づける。

（盆踊りは）明治の初めから厳禁してあったことだから、その筋においては絶対に許可しない地方もある。（中略）もとより風紀衛生の上より取り締まるべきものは十分に取り締まらねばならぬが、農家に娯楽と実益とを与えるとの多大なる盆踊りのごときは、将来にとってもむしろ奨励すべきものであろうと思う。

（高木兼寛「盆踊りは大に奨励すべし」）

「害虫駆除に効果的だから盆踊りを奨励すべし」というのは、現代的観点からすると少々理解に苦しむかもしれないが、作物につく害虫を追い払う虫送りの行事がリアリティーを持っていた時代からすると、この提案も決して的外れなものではなかったのだろう。もちろん、その裏には盆踊りを民衆のコントロールのために利用しようという政治的意図もあったはずだ。

2 大衆化する盆踊り――「東京音頭」の時代

観光化や公演化による変化

ふたたび郡上おどりの事例を見てみよう。

一九二二年には郡上おどりでも復興と普及を目的とする保存会が結成されている。そのなかで公序良俗に反する歌詞が変更され、即興的に歌われていたものも定型化された。歌によってはより踊りやすい振り付けに改良されたものもあったらしい。「盆踊りの禁止と復興に関する歴史的研究」では、そうした事例を取り上げながらこのように結論づけている。

保存会が盆踊りを「大衆化」することで復興させたことにより、岐阜県に根付いていた「ばしょう」「さのさ」などの他のおどりを消失させ、また盆踊りが本来もつ性の解放性や音頭の取り合い、返し歌などから生まれる即興性、おどりの自由さを失わせてしまった。さらには、伝承の方向性が観光客に変わったことにより、地元の人々と盆踊りの結びつきを弱くしてしまったと考えられる。
（伊東佳那子・來田享子「盆踊りの禁止と復興に関する歴史的研究」）

この結論は考えさせられるポイントをいくつも含んでいる。健全化と大衆化を経て、それまで根付いていた踊りの伝統が途絶えてしまったこと。欲求のまま歌い、自由に踊るという、歌遊びの習慣が失われてしまったこと――。ただし、踊りや歌の「型」を固定化することで、外部の人間はそれを学ぶことができるうえに、そのことによってひとつの風習が広範囲に伝承されるという利点もある。そうやって考えてみると、踊りや歌を定型化することには必ずしも弊害ばかりがあるわけではないだろう。少なくとも郡上おどりは、定型化することによって誰もが踊れるものになった。

むしろ重要なのは「伝承の方向性が観光客に変わったことにより、地元の人々と盆踊りの結びつきを弱くしてしまった」ことだ。

明治に入ってから各地の盆踊りが規制されるまでは、盆踊りとは基本的にコミュニティーによるコミュニティーのためのものであって、あくまでも自分たちの楽しみとして行われていた（三重県伊勢《いせ》市古市《ふるいち》の遊廓で遊女が唄い踊った「伊勢音頭」など一部の例を除く）。だが、大正期における盆踊り復興プロセスのなかでは、観光客という外部の視点が明確に意識されていた。言ってみれば明治に入ってから「外国人の目に触れさせたくない恥ずべき風習」として盆踊りに対して行われた規制が、時代を下って観光客を相手に繰り返されたのだ。明治以降、各地の盆踊りの多くがそのように外部からの視線に晒され姿形を変えていった。

大正末期以降、東京のホールなどで各地の民踊・郷土芸能が披露される機会が増えていくが、こうした舞台も「観客」という外部との接触の場だったといえる。一九二五年に日本青年館のこけら落とし公演として行われた「郷土舞踊と民謡の会」（現在の全国民俗芸能大会）などを通じ、それまでバラバラだった振りは整理整頓され、揃いの衣装が基本スタイルとなった。こうして盆踊りは、舞台芸能として洗練され、それが各地元に持ち帰られて土地の文化となっていく。

秋田の西馬音内盆踊りも一九三五年に開催された「第九回全国郷土舞踊民謡大会」に県の推薦で出場した際、多くの改良が行われた。集団でも映えるよう振り付けを再構成し、衣装も端縫《はしぬ》いと編み笠、藍染浴衣《あいぞめゆかた》と彦三頭巾《ひこさずきん》に統一。舞台芸能として洗練を経た結果、全国的にその名を知られるようになった。

多くの観光客も参加する郡上おどり（2013年、撮影：大石慶子）

洗練された西馬音内盆踊り（2012年、撮影：大石慶子）

レコード・ラジオの発展

レコード産業の発展やラジオの普及により、一地方の盆踊り文化が、コミュニティーを超えて広く知られるようになったのもこの時期のことだ。

一九二六年に日本放送協会が設立されると、東京、名古屋、大阪と次々に放送局が開局し、一九四〇年には樺太《からふと》の豊原《とよはら》放送局が開局したことで全国三五の放送局がネットワーク化された。音楽史を研究する三島わかなによると、放送局のネットワーク化は放送文化のあり方も変化させることになった。

つまり放送網が整備されたことによって津々浦々のローカル文化は番組づくりのための素材として注目されるようになる。ちょうどその頃、柳田国男による日本民俗学の潮流とそれにもとづく郷土研究が一般的にも広く実践されるようになった。そして一九二〇年代後半から三〇年代にかけて各地に郷土史家も現れはじめ、また各県の師範学校を中核として教育現場でも郷土教育が広く実践されていった。そういった時代背景のもとで各地のローカル文化は放送の世界でも次々と掘り起こされていき、多種多様な各地の「音」が全国のリスナーの元へと届けられはじめたのだ。

（三島わかな「地域の音文化は電波に乗って」）

三島が同論考のなかで引用している渡辺裕の論考から孫引きすると、昭和初期には一種の旅行ブームと結びついたかたちで各地に残る民謡や民話を求めて旅をするというモードが高まり、郷土芸能や民謡を鑑賞するツアーも企画された。各地の歌・芸能を通じ、日本を発見していこうという動きが始まるのだ。そこで各地の民謡・芸能は鑑賞者という「外部」とふたたび出会うことになる。三島はそうしたプロセスのなかで、「正しい演奏（正調）」という概念が強化され、外部へアピールするべき地域アイデンティティーが形成されていったとしている。

新時代のメディアを通してコミュニティーの外へと広まっていったのは、伝統的な盆踊りだけではなかった。健全な歌詞と外部者でも踊りやすい振りが付けられた新民謡が創作され、それが各地の盆踊りの現場へと持ち込まれていくのだ。

新民謡とは、野口雨情《のぐちうじょう》や北原白秋、中山晋平らによる一種の文化運動でもあった。彼らが作ろうとしたのは、郷土の特色を活かした大衆の歌である。健全な郷土色を生み出すため、中山たちは足繁く各地のお座敷を訪ね歩いては、芸者たちが奏でる端唄や俗曲に耳を傾けた。のちに生まれた新作音頭の多くにお座敷の香りがするのは、そうした背景も影響している。

「東京音頭」の大ヒット

昭和に入ると、レコード会社の企画による新民謡のリリースも活発になった。一九三三年には盆踊りの歴史を大きく変える盆踊り歌が発売される。それがご存知「東京音頭」だ。作詞・西條八十《さいじょうやそ》、作曲・中山晋平という布陣で制作され、ビクターから発売された「東京音頭」は、一九三三年から翌年にかけて大きなヒットを記録。太平洋戦争開戦の気配が少しずつ濃くなっていくなか、「東京音頭」は日本中に大旋風を巻き起こした。当時の雑誌にはこんな一文も残されている。

全国で「東京音頭」を耳にしないものはないだろう。今日のサラリーマン、学生、青年娘などが無意識に鼻歌を歌ったら、それはまぎれもなく「東京音頭」になっているだろう。「東京音頭」は一九三三～一九三四年にかけての社会の音響である。

（『サラリーマン 経済評論誌』一九三四年二月号）

なかでも本場・東京におけるブームは凄まじいものだったようで、都内で行われていたローカルな盆踊り文化に対する影響は大きかった。町田《まちだ》佳声《かしょう》監修の『東京の古謡』によると、

東京音頭を踊る人びと（1933年、提供：毎日新聞社）

東京の一部の地域では昭和初期の段階でも仕事唄や小町踊りで踊る昔ながらの盆踊りが細々と続けられていたが、「東京音頭」はそうした盆踊りを一掃することになったという。

「丸の内音頭」の誕生

「東京音頭」の音楽的背景については拙著『ニッポン大音頭時代――「東京音頭」から始まる流行音楽のかたち』を参照していただければ幸いだが、本書の論旨からいえば、この曲は制作段階から盆踊り会場という「踊りの場」が念頭に置かれていたことが重要だ。

「東京音頭」には「丸の内音頭」という原曲があり、こちらは「東京音頭」の前年にあたる一九三二年八月にレコードが発売されている。作詞を手がけた西條八十の自叙伝『あの夢この歌』には、「丸の内音頭」が誕生したいきさつについて、このように書かれている。


私が第一回の渡欧に際し、カルピスの社長だった三島海雲氏が、芝公園の美食倶楽部で送別の宴を催してくれたことがある。そのとき知り合いになった倶楽部の主人・井上氏が、いまでは丸の内で「花の茶屋」という料理店を経営していた。ところがその井上さんがある朝、朝風呂のなかで日比谷公園松本楼の主人その他の丸の内の古顔連と顔を合わせたとき、こんな話が出た。

「そろそろまた夏が来ますな。盆になると田舎ではよく盆踊りというのをやるが、この東京にはどういうものかそれがありませんね」

「ひとつ今年からやってみますかな」

「とりあえず『丸の内音頭』として始めたらどうでしょう」

その朝風呂の相談が具体化して、間もなく私と中山晋平氏のところへ持ち込まれた。この話は私には楽しかった。自分の生まれた東京の人をいちど自分の唄で賑やかに踊らせてみたい。これは、私が大正十二年のあの震災の夜、猛火に包まれた上野の山で考えたことであり、その翌々年、自分を巴里《パリ》へ運んでゆく賀茂丸の甲板でも思ったことであった。私は喜んで歌詞を書いた。（西条八十『あの夢この歌』）

「丸の内音頭」誕生の経緯については諸説あるが、西條八十は同書のなかで「松本楼の主人その他の丸の内の古顔連」など、丸の内～有楽町の飲食店が発案し、そのアイデアがビクターのもとへ持ち込まれて実現したとしている。

現代盆踊り文化の源流――日比谷公園の大盆踊り大会

「丸の内音頭」のレコードが発売された一九三三年の夏には、日比谷公園を使った大盆踊り大会が企画された。この盆踊りでは百貨店の先駆け的存在だった白木屋がデザインした水玉模様の浴衣も販売。初代の花柳寿美《はなやぎすみ》が振り付けを考案し、赤坂の芸者たちも集まって大変な賑わいを見せたという。その盛況ぶりに気をよくしたビクターは、翌年の夏に合わせて「東京音頭」を発売する。全国的なプロモーションを仕掛け、丸の内／東京というローカルな場所を超えたヒットを記録することになったのだ。

「東京音頭」はそのように日比谷公園の大盆踊り大会がきっかけのひとつとなり、全国へ広まっていったわけだが、この盆踊り大会はいくつかの面でのちの盆踊り文化の源流となった。そのひとつは生演奏ではなく、レコードに吹き込まれた音源で踊る盆踊りだったこと。そのことによってわざわざ歌や太鼓の名手を引っ張り出してこなくても、簡単に盆踊りを開催できるようになった。盆踊りを始めるにあたってのハードルがグッと下がったわけだ。戦後ありとあらゆる場所で盆踊りが行われるようになった最大の要因が、日比谷公園大盆踊り大会が押し進めたこの「生歌から音源へ」というスタイルの変容にあった。

もうひとつは、松本楼をはじめとする丸の内〜有楽町の飲食店が発案・主催した日比谷公園大盆踊り大会が、当初から地域振興という明確な目的を持っていたことだ。時代は不況の真っ只中。日比谷公園大盆踊り大会はそのムードを吹き飛ばすために発案された町おこしイヴェントでもあった。また、レコードや浴衣の販売プロモーションも行われるなど経済活動の場として活用されたという点においても、現在の盆踊りの先駆けだったといえる。

ちなみに、西條八十の自叙伝に書かれていたように、少なくとも当時の東京では「盆踊りは田舎でやるもの」と考える風潮が強く残っていたという。永井荷風も『濹東綺譚《ぼくとうきたん》』で「東京では江戸のむかし山の手の屋敷町に限って、田舎から出て来た奉公人が盆踊をする事が許されていたが、町民一般は氏神の祭礼に狂奔するばかりで盆に踊る習慣はなかったのである」と書いているが、「東京音頭」のヒット以降、都会でも盆踊りがひと夏のイヴェントとして開催されるようになった。こうして盆踊りは「継承するもの」であると同時に、「新たに始められるもの」となっていくのだ。

3　昭和戦前期の盆踊り

振り付けと新舞踊運動

ここで「東京音頭」の振り付けについても考えてみたい。この曲の振り付けを担当したのは、新橋の花柳界出身にして新舞踊運動を代表する舞踊家のひとりであった初代・花柳寿美。とある丸の内の旦那衆の娘さんが花柳寿美の弟子だったことから「東京音頭」の振り付けを任されたのだという。

新舞踊運動とは大正から昭和初期にかけて、日本舞踊のなかで行われた創作舞踊活動である。その原点は一九一七年、藤間静枝《ふじましずえ》（のちの藤蔭静樹《ふじかげせいじゅ》）の作った藤蔭会の舞踊公演にあったとされている。そこには「新しい舞台芸術としての舞踊を、歌舞伎舞台のような因襲にとらわれないでつくろう」（佐藤多紀三「新舞踊運動の思想」）という関係者のヴィジョンがあった。また、新舞踊運動は同じころ立ち上がった新民謡運動とも繋がりを持っていた。

大正時代の新舞踊運動は舞台公演だけでなく、当時一般家庭で盛んになった童謡、民謡、歌謡曲に振り付けをして、誰でもどこでも踊れるようになった。それは北原白秋、野口雨情、西條八十などの作詩家や宮城道雄、弘田龍太郎、中山晋平、古賀政男、山田耕筰などの作曲家が輩出して歌や踊りが全国的に広がったのであった。

（佐藤多紀三「新舞踊運動の思想」）

藤蔭会の事務局長を務めていた佐藤多紀三《さとうたきぞう》によると、藤間静枝もまた、中山晋平の童謡を含む多くの楽曲に振りを付け、全国に舞踊を普及させるうえでそれらが礎になったとしている。また、無踊研究家の西形節子《にしかたせつこ》は「（藤間）静枝は関東大震災の後、中山晋平の音楽活動に伴い、新しい民謡の振り付けをして全国各地を回った」とも書いている。

新舞踊と新民謡という大正から昭和にかけて興ったふたつの運動は、藤間静枝と中山晋平というふたりを通じて共闘していたわけだ。「東京音頭」の振り付けを花柳寿美という新舞踊運動の舞踊家が担当した背景にも、ふたつの運動の関係性があったのではないだろうか。

踊りコンテスト

昭和に入ると、盆踊りの世界でもうひとつの流行が生まれる。それが盆踊りの競演大会、今でいう踊りコンテストだ。『郷土舞踊と盆踊』のなかで小寺融吉は、競演大会が急増したのは昭和以降としている。小寺によると、青森県八戸《はちのへ》市では一九二八年から市民盆踊り大会が催されるようになり、一九三二年からは八戸市および三戸《さんのへ》郡一帯で流行していた「おしまこ踊り」の競演大会がスタート。そのほかにも岩手県久慈《くじ》町（現在の久慈市）や栃木県茂木町、長野県松本市、さらには岡山や広島、島根、鳥取などで同時期から競演大会が行われていたようだ。

その盛り上がりはかなりのものだったようで、小寺は「ややもすると競演大会は必要以上に規模を大にし、そのため時間的にも物質的にも農村の負担は少なからず、一か月以上の猛練習をして他県他郡に進出するのは考慮を要すること」と警告を鳴らしている。小寺はまた、この競演大会を「盆踊りを振興させるためにもっとも適切な方法」としながらも、「人の目をひくために教養の低いものは言語道断な扮装をしたり」「過大な負債をしてまで衣装を作り、長期の稽古をして家事を顧みなくなる」とその弊害についても指摘している。

踊りコンテストは現在の盆踊りでも広く行われており、古くから続く競演大会の習慣が、現代においても有効であることを証明している。その一方で、踊りや装束《しょうぞく》を競い合う競演大会とは、戦後になって急速に推し進められる盆踊りのイヴェント化という流れの源流になったともいえる。踊り手たちにとって、踊りコンテストの場は踊りを披露し、評価を受ける場である。審査員に対してアピールしようとすれば装束は華美になり、振り付けは自然と大きくなっていくだろう。ダンス・パフォーマンスの優劣を競い合う機会となるわけで、その意味ではのちに全国を席巻する「よさこい系祭り」の原点を、昭和初期の競演大会に見ることもできるはずだ。

プロパガンダとしての音頭・盆踊り

日中戦争が開戦する一九三七年以降になると、軍事体制のもと、軍歌めいた音頭が多数発表されるようになる。テーマとなっているのは、戦意高揚や防諜《ぼうちょう》など。この時期、多くの盆踊りの開催が自粛されたが、その一方で音頭および盆踊りの場はプロパガンダとしても利用された。この章の最初に引用した言葉を引けば、「秩序と反秩序のぎりぎりのバランスをつくる秩序装置」としての盆踊りの効力がふたたび見出されたともいえるだろう。

近現代史を研究する著述家の辻田真佐憲《つじたまさのり》は「娯楽を通じて知らず知らずの内に浸透してくるプロパガンダこそ警戒すべき存在」としたうえで、その危険性をこう分析している。

そのような優れたプロパガンダは、政府や軍部の一方的な押しつけではなかった。むしろ、民衆の嗜好を知り尽したエンタメ業界が、政府や軍部の意向を忖度《そんたく》しながら、営利のために作り上げていった。こうすれば、政府や軍部は仕事を効率化できるし、企業は儲かるし、民衆も楽しむことができる。戦時下に山のようにプロパガンダが生まれた背景には、このような構造があった。

（辻田真佐憲『たのしいプロパガンダ』）

旭川における盆踊りの変遷を綴った『正調北海盆踊りと旭川夏まつり』では、当時の北海道の状況がこう綴られている。おそらくこうした盆踊りの場が、プロパガンダ実践の場として利用されていたと思われる。

北海道庁は昭和一七年七月に、食糧増産の意欲増進を目的に、各市町村に盆踊り奨励の通達を出した。このような背景のもとに札幌中央放送局は、一七年八月に「盆踊り唄」の番組を放送し、道民の末端まで行政の指導による盆踊りが催された。

（全巻鎮雄編『正調北海盆踊りと旭川夏まつり』）

なお、戦時中から戦後まもなくの時期にかけては、都会から疎開してきた人々と現地の住人によって新たに盆踊りが始められるケースもあったようだ。

福島県会津《あいづ》若松《わかまつ》市の東山温泉では、学童疎開に来ていた子供たちを元気づけるための盆踊り大会が、終戦の前年にあたる一九四四年に立ち上がっている。この東山盆踊りは現在も続けられており、温泉旅館にやってきた観光客も交えて大いに盛り上がるという。

また、一九四七年から始まった秋田県湯沢市横堀《よこぼり》の雄勝《おがち》仮装盆踊り大会は、同地に疎開していた尺八奏者、戸部新吾が作詞を手がけた「横堀音頭」「横堀甚句《じんく》」で踊る盆踊りである。さらに福岡県鞍手《くらて》郡鞍手町八尋《やひろ》の盆踊りは戦時中途絶えていたものの、戦後、同地に疎開していた旅役者が村の青年団を指揮することによって復活を遂げた。そのように、疎開してきた人物の尽力によって息を吹き返した盆踊りもあったようだ。

明治に入って規制を受けた盆踊りは、明治後期から大正にかけて「健全化」のプロセスを経て復活。ラジオやレコードといった新時代のメディアを通して新たに創作された盆踊り唄がコミュニティー外へも広まる一方で、戦時中はプロパガンダのツールとしても利用された。明治以降の盆踊りは、そのようにめまぐるしく変容する社会のなかで翻弄され続けてきた。

そして戦後、伝統という重責と地縁・血縁に基づいたコミュニティーから解放された盆踊りは、一般庶民が自由に扱える地域活動のツールとなっていく。

第二章

戦後復興と盆踊りの再生——昭和二〇～三〇年代

1　終戦直後の盆踊り事情

戦没者供養という原点

太平洋戦争末期、各地の盆踊りが中断を余儀なくされた。空襲によって大きな被害を受けたところもあれば、国家総動員法が制定された一九三八年以降、世のムードを慮《おもんぱか》って自粛したところもあったが、いずれにせよ盆踊りどころではなかったのである。

阿波おどりも一九三八年に中断されると、徳島市内の約六二パーセントが空襲の被害を受けたこともあって、一九四五年の終戦まで完全に火が消えた状態となった。復活を遂げたのは中断から八年後の一九四六年のことである。

岐阜の郡上おどりの場合、公式な記録上では玉音放送が流れた一九四五年八月一五日は踊りが休止されたと記載されている。ただし、岐阜新聞の記事「終戦の夜、郡上おどり決行　心つなぐ輪市民に勇気」によると、終戦の夜も住民たちは自然と集まり、深夜まで踊り明かしたという。踊りの輪に渦巻く感情は決して単純なものではなかっただろう。同記事では当時を知る古老のこんな発言も紹介されている。

もう自分が戦地に行って死ななくてもすむという安堵《あんど》感、負けたむなしさ、戦死者を弔う気持ち。そこは、いろいろな人がさまざまな感情を踊りで表現している空間だった。

（岐阜新聞「終戦の夜、郡上おどり決行　心つなぐ輪市民に勇気」）

終戦直後から再開された盆踊りのなかには、戦没者の慰霊を目的のひとつとして掲げたものもあった。一九四六年七月に撮影された佃島の盆踊（東京都中央区）の写真には、「戦争犠牲者供養」という文字が綴られた横断幕が捉えられている。東京大空襲の際、隅田川の佃島沿岸には多くの遺体が流れ着いたといわれているが、この写真からはそのことが偲ばれる。

また、大阪・河内地方の河内音頭では終戦直後、墓場で踊る風習があり、音頭のなかに戦没者の供養を文言として織り込むこともあったようだ。盆踊りとは本来、祖霊供養の踊りでもあったわけだが、終戦直後の盆踊りとはそうした原点に回帰するものでもあったのだ。

八月六日の原爆投下によって壊滅状態となった広島県広島市でも、一九四六年には早くも盆踊りが行われている。「広島平和復興祭」の一環として同年八月七日に旧護国神社跡で開催された「戦災供養盆踊り大会」がそれだ。主催したのは中国新聞社。西条町や吉田町、焼

佃島の戦後犠牲者供養の盆踊り（1946年7月14日、提供：毎日新聞社）

広島「戦災供養盆踊り大会」（1946年8月7日、提供：朝日新聞社）

失を免れた仁保町《にほちょう》（南区）などから八団体が参加し、観衆は一万人を超えたという。なお、この「戦災供養盆踊り大会」は二〇一八年、「ひろしま盆ダンス」という名で実に七二年ぶりに復活。「広島音頭」「広島木遣《きや》り音頭」などで大いに賑わったという。

暗いムードを吹き飛ばす

進駐軍占領下の日本では、この時期ならではの盆踊りも行われた。毎日新聞の一九四六年八月二五日号には、市《いち》ヶ谷《や》台《だい》（東京都新宿区）で外務省主催の盆踊りが催され、進駐軍の将兵との交流を図ったという記事が掲載されている。ここでは「平和音頭」が踊られたという記述が見られる。また、詳細不明ながら、同年七月一九日には「マッカーサー元帥《げんすい》に感謝する盆踊り」が開催されたという記録もある。こうした進駐軍関連の盆踊りは同時期に幾度となく開催されたようだ。

占領軍が日本銀行協会の建物を接収してできた「バンカーズクラブ」の盆踊り
（1947年10月4日、提供：朝日新聞社）

先述したように阿波おどりが復活した

のは一九四六年のことだったが、徳島の場合、市民のあいだで阿波おどりへの欲求が高まったことから県が進駐軍と話し合いを重ね、その結果ようやく再開に漕ぎ付けたという。『目で見る徳島の100年』には、「戦時中から禁止されていた阿波踊りが、進駐軍の要請で復活した。富田町《とみだまち》の人びとが出演して、市役所前で開催された。多数の市民も集まり、久しぶりのふるさとのリズムに胸躍らせた」と書かれている。また、同書にはそのときの模様がこのように記されている。

戦争中に禁止されていた阿波踊りも昭和二一年に復活し、紙の浴衣で踊ったり、太鼓の代わりに石油缶を叩いたり、郡部を走り回って三味線を手に入れたものの、皮が破れて音が出ないというので、弾く恰好《かっこう》だけで練り歩いた人もあったが、徳島新聞でも「何はなくても阿波踊り」の大見出しで報道しているように、市中の道路という道路は踊り子と見物人で立錐《りっすい》の余地もないほどの熱狂ぶりであった。（『目で見る徳島の100年』）

一九四六年にはオール前川《まえかわ》娯茶平倶楽部《ごぢゃへいくらぶ》（現・娯茶平）や天水連といった阿波おどりの名門連が徳島で結成されている。八年の休止と敗戦の鬱憤《うっぷん》を晴らすかのように、阿波おどりの連が次々に立ち上がるのだ。

この一九四六年という年は、各地の盆踊りが少しずつ再開し、さらには一部の地域で新たな盆踊りが始まった年でもあった。同年の夏には玉川学園前駅（東京都町田市）の駅前で盆踊り大会が初開催。玉川学園創立者である小原國芳《おばらくによし》の呼びかけによって作られた「玉川音頭」がお披露目された。また、長野県松本市の松本城公園で現在も続けられている「お城盆踊り」が始まったのも一九四六年。戦後最初の「築地《つきじ》本願寺《ほんがんじ》納涼盆踊り大会」（東京都中央区）が開催されたのは一九四八年のことだった。

この時期の盆踊りの多くは、戦没者を供養するとともに、敗戦の暗いムードを吹き飛ばそうという明確な目的を持っていた。ただでさえ貧しく、娯楽の少ない時代。盆踊りは人々にとって数少ない楽しみのひとつであり、救いの場でもあった。

再編される地縁団体

終戦から数年もすると、町内会や自治会といった新たな地縁団体が整備されたことで、本書の中心的テーマとなる手作りの盆踊りが各地で立ち上げられる。

明治以前の盆踊りを主導していた若者組は、夜這いなど土着的風習を切り離す形で青年団・青年会へと再編されたわけだが、戦後になると、さらに町内会として組織化されていく。若者組から青年会、さらには町内会へ。そのように運営組織が変わっていくなかで、盆踊りは健全なレクリーションという性格をさらに強めていくのだ。

ここで町内会という地縁団体の変遷について振り返っておこう。町内会のルーツには諸説あるが、江戸時代の隣保組織である五人組がそのひとつといわれている。五人組は近隣五戸一組を原則とする相互扶助組織であるとともに、相互監視システムという一面も併せ持っていた。

一九四〇年には内務省訓令第十七号「部落会町内会等整備要領」（隣組強化法）が発令され、町内会および隣組が組織化された。隣組は五人組に習った隣保組織で、町内会よりもさらに小規模（一〇世帯前後）で構成されていた。同じ年にはこの隣組を宣伝啓発するために、こんな歌も作られている。

とんとんとんからりと隣組／格子《こうし》を開ければ 顔馴染み／廻《まわ》して頂戴 回覧板／知らせられたり 知らせたり
とんとんとんからりと隣組／あれこれ面倒 味噌醤油／御飯の炊き方 垣根越し／教えられたり 教えたり
とんとんとんからりと隣組／地震やかみなり 火事どろぼう／互いに役立つ 用心棒／助けられたり 助けたり

とんとんとんからりと隣組／何軒あろうと 一所帯／こころは一つの 屋根の月／まとめられたり まとめたり

（「隣組」作詞・岡本一平、作曲・飯田信夫）

メロディー自体は『ドリフ大爆笑』のオープニングテーマとして替え歌が歌われたほか、メガネドラッグのCMソングなどでも親しまれてきたのでご存知の方も多いだろう。相互扶助の精神を描いた歌詞はほのぼのとしたものだが、町内会および隣組は大政翼賛会《たいせいよくさんかい》の末端組織という一面も持ち、五人組由来の相互監視システムを強化したものでもあった。つまり戦時体制を支えるものでもあったわけで、それを踏まえて歌詞を読み返してみると、どことなくゾッとするものを感じてしまう。

終戦後、占領軍は軍事体制の末端組織であった隣組および町内会を解体。ポツダム政令一五号のもと、地縁団体の活動が禁止された（ただし、地域によっては防犯・防火を目的とする組織が存続したケースもあった）。

一九五二年には町内会が復活。新たな自治組織として再編されることになった。盆踊りが地域イヴェントとして盛んに行われるようになったのは、それ以降のことだ。

そうした町内会主催の盆踊りでは、公民館の広場が会場として使われることもあった。公民館とは官民が一体となって作られた社会教育施設であり、戦後の日本においては地域作りの中心を担う場所でもあった。日本の民主化政策に合わせて積極的に公民館設置が進められたのは一九四六年以降のことであり、社会教育法制定によって法的に位置づけられたのは一九四九年のことだ。

社会教育法第二〇条には、公民館の目的についてこのように定められている。

公民館は、市町村その他一定区域内の住民のために、実際生活に即する教育、学術及び文化に関する各種の事業を行い、もって住民の教養の向上、健康の増進、情操の純化を図り、生活文化の振興、社会福祉の増進に寄与することを目的とする。

（社会教育法第二〇条）

こうした理念のもと、公民館は地域の盆踊りを主導していく。矢野敬一『「家庭の味」の戦後民俗誌』では、終戦から五〇年代後半にかけての新潟県における実例が紹介されている。ここでは農村ならではの下世話なエネルギーに満ちた盆踊りが、公民館主導のもと健全化されていったプロセスが示されている。こうした例は新潟に限ったことではないだろう。

そのように地縁団体が再編されるなかで、盆踊りは地域のレクリエーション活動として、あるいは住民同士の一体感を高めるために必要とされるようになっていく。

2　盆踊りの新たな役割

民謡ブームにのって

戦後の日本では幾度となく民謡ブームが巻き起こった。フジテレビの民謡番組「キンカン素人民謡名人戦」をきっかけとする一九六〇年代後半の民謡ブーム。また、金沢明子と原田直之がメイン司会を務め、「ジーパン民謡」なる言葉も生まれたＮＨＫテレビ「民謡をあなたに」に端を発する七〇年代後半から八〇年代にかけてのブーム。どちらもテレビ番組をきっかけとするものだったが、終戦からまもない時期にも民謡への関心が高まったことがあった。

山村基毅《やまむらもとき》『民謡酒場という青春』では、一九四六年一月から放送が始まったＮＨＫラジオ「のど自慢素人音楽会」（のちの「ＮＨＫのど自慢」）が民謡に対する世間の関心が高まるきっかけになったとしている。当初はラジオ番組としてスタートしたこの番組は、一九五三年からテレビ番組としても放映が開始。山村は「この番組を通して、各地の民謡が知られるようになっていった」と書いている。

また、「のど自慢素人音楽会」と同じ一九四六年からはNHKラジオで「炭坑へ送る夕《ゆうべ》」という番組が始まっている。戦後の復興を押し進めるなかで、政府は石炭エネルギーの増産を重要視。炭坑夫たちを鼓舞するべく放送されていたのがこの番組だった。「炭坑節」は、夜八時というゴールデンタイムにオンエアされていたこの番組を通じて全国へと広まっていった。一九四八年にはポリドールの日本橋きみ栄やテイチクの美《み》ち奴《やっこ》などの歌い手により各社が競って「炭坑節」のレコードがリリース。なかでも「炭坑節」発祥の地、福岡県田川郡出身の赤坂小梅によるレコードがひときわ人気を集めた。

では、そうした五〇年代にかけての民謡ブームは、盆踊りの現場にどのような影響を与えたのだろうか。もっとも大きかったのは、この時期以降、各地でさまざまな民謡・民踊団体、愛好会が設立されたことだ。財団法人日本民謡協会が設立されたのは一九五〇年、現在の日本民踊・新舞踊協会の前身にあたるビクター民踊研究会は一九五九年に発足している。

また、現在も東海地区の広い範囲に影響力を持つ日本民踊研究会の創始者である初代・島《しま》田《だ》豊年《ほうねん》は、終戦直後に「踊って心に灯火を」を合言葉に同会を設立。東海地区の盆踊り文化を研究する田中瑞穂によると、島田豊年は一九五九年にビクターと提携し、同社が発売する盆踊り曲を使って各地で踊り講習会を開いたことで全国的な影響力を持った（後述するが、荻野目洋子「ダンシング・ヒーロー」を盆踊りに持ち込んだのが、日本民踊研究会の二代目・島田豊年だった）。

ビクター民踊研究会から発展した日本民踊・新舞踊協会は、日本民踊研究会のような各地の研究会・団体と連携をとりながら、民踊大会や講習会を開催している。各市町村の民踊連盟や民踊サークル、民踊愛好会、保存会が学校や公民館で振り付けの指導をし、盆踊りの本番でお手本を担当する光景は現在各地で見られるが、戦後になってそうした盆踊りの土台作りが進められたわけだ。

国内観光ブームの影響

一九五〇年に朝鮮戦争が勃発すると、日本は特需景気に沸いた。経済復興を遂げるなかで、太平洋戦争によって停滞していた産業や文化がふたたび活性化していく。そのなかのひとつに、国内の観光産業があった。

手島廉幸《てしまやすゆき》「マスツーリズムの歴史的変遷と今後の行方」によると、国内観光の市場が拡大を始めたのは大正時代末期。一九三六年には訪日外国人および日本人観光客数はピークに達したが、太平洋戦争によって国内の観光産業は壊滅状態に。そこからふたたび復調に転じたのが一九五五年。手島はこの年を「日本のマスツーリズムの起点」と位置付けている。

そうした国内観光ブームのもと、人気を集めたのが温泉街の盆踊り大会だ。なかにはかなり歴史の古いものもあり、宮城県刈田《かった》郡蔵王《ざおう》町・遠刈田《とおがった》温泉の盆踊りは一九一八年に始まっている。こちらは戦後になって仮装盆踊りのスタイルとなり、現在も「遠刈田温泉仮装盆踊り」という名で開催。二〇一九年には一〇六回目を迎えた。また、山形県最上《もがみ》郡大蔵《おおくら》村の肘《ひじ》折《おり》温泉でも仮装コスプレ盆踊り大会が行われており、こちらの前身となる盆踊り大会が始まったのは、明治時代末期にあたる一九〇六年。遠刈田温泉仮装盆踊りよりもさらに長い歴史を誇ることとなる。

前章で触れた東山温泉（福島県会津若松市）の盆踊りが始まったのは一九四四年。学童疎開に来ていた子供たちを元気づけるために始められたものだったが、戦後になると、東山温泉の女将や芸者衆と「会津磐梯山《ばんだいさん》」などの盆踊り唄を踊れるとあって、温泉客からも人気を集めた。

また、兵庫県豊岡市城崎《きのさき》町の城崎温泉では明治以前から盆踊りが行われており、これはお盆前後は忙しくて故郷に帰れなかった芸妓たちが客足の落ち着いた九月半ばに踊ったのが始まりとされている。こちらは一時期開催が途絶えていたが、二〇〇〇年代に入ってから「但《たん》州湯島《しゅうゆしま》の盆」という名で復活した。

日本温泉協会の編集による随筆集『温泉風土記』には、一九五〇年代の温泉街における盆踊りの風景がいくつか綴られている。別所温泉（長野県上田市）で「浴衣姿の男女が団扇《うちわ》をかざして」盆踊り会場へと歩いていく光景の描写に続き、「盆唄は鄙《ひな》びてなかなかいいと思ったが、踊りの振りは近年、舞踏家が考案したものだということだった」という説明が入る。

こうした盆踊りは温泉街を盛り上げるための観光イヴェントという一面を持ち、温泉街をテーマにした数多くのご当地音頭も作られた。こうした楽曲を収めたレコードはプロモーション・ツールとしての役割を持つだけでなく、土産物としての役割も担った。多くの場合、温泉街の周辺には花街があり、そこには三味線や歌、踊りに長けた芸者たちがいた。そのように考えてみると、温泉街とは盆踊りをゼロから生み出すにはこれ以上ない環境でもあったのだろう。

レクリエーション・ダンスとして

もうひとつ、この時期の盆踊りの流れにおいて重要なのが、盆踊りに「レクリエーション」という視点が持ち込まれたことだ。レクリエーション（Recreation）をそのまま訳すと「休養」「気晴らし」「娯楽」といった意味である。日本でも戦前から厚生運動という名目で日本版レクリエーション運動が進められ、健全な娯楽と情操教育が推奨されたが、戦後のレクリエーション運動は占領軍の影響下で推し進められた一種の文化運動でもあった。

もともとレクリエーション運動は一九世紀末のアメリカで子供たちの健全育成をめざす「遊び場(Playground)づくり運動」として始まった。レクリエーション運動史を研究する薗《その》田碩哉《だせきや》によると、その背景には同時期に急速に進んだ都市化と、それがもたらした貧困やスラム化、青少年の非行などの社会問題があった。

一九四七年には日本レクリエーション協議会(現在の日本レクリエーション協会)が発足。同会のウェブサイトでは、「アメリカの占領軍が、『人生を楽しく創造的に』を理念とし、戦争で疲弊した日本各地の町や村に生活の息吹を呼び覚ますために試みたのが、戦後のレクリエーション運動の始まり」としている。フォーク・ダンスに代表されるアメリカ仕込みの多様なレクリエーション・プログラムが開かれた当時の状況について、日本レクリエーション協会ウェブサイトではこのように解説している。


戦時中は、大きな声で歌を歌うことも憚《はばか》られ、まして男女が手をつなぐことなど考えすら及ばなかった人々にとって、自由に大きな声を出して笑っても、好きなことをしても誰からも文句を言われないということは、それだけでもありがたいことであった。

(「レクリエーション運動の歴史」)

フォーク・ダンスに象徴されるレクリエーション・プログラムは、戦前・戦中に規制されていた身体を解放するものでもあったのだ。

そして、民踊および盆踊りもまた、フォーク（民俗的）・ダンスの一種としてレクリエーション・プログラムのなかに取り込まれていく。病院では厚生運動の一環として盆踊り大会が開催されるようになったほか、現在でも在日米軍基地や自衛隊駐屯地で行われている盆踊り大会もまた、レクリエーション・プログラムとして盆踊りが導入された一例といえるだろう。

一九七〇年代以降になると、フォーク・ダンスの流れからレクリエーション・ダンスという新たなダンス文化が立ち上がる。これは従来のフォーク・ダンスのような民俗性にこだわることなく、流行のダンスを柔軟に取り入れようという日本発の運動でもあった。そして、このレクリエーション・ダンスの文脈において、従来のフォーク・ダンスや民踊にポップスや流行歌が接続され、のちにディスコが盆踊りへと流入する流れが形成されるのだ。

3　北海道の独自な盆踊り文化

「ベッチョ踊り」

終戦直後から五〇年代にかけての状況を見てきた本章の最後に、北海道における盆踊りの変遷を見てみよう。明治以降、政府の政策によって多くの人々が北海道へと移住・入植すると共に、各地の盆踊り文化が同地へと持ち込まれた。そのため、現在までの変遷が比較的見えやすい場所だからだ。

北海道は東北地方と北陸地方からの移住者が比較的多く、農業経済学者である高倉新一郎の『日本の民俗　北海道』によると、「盆踊り歌は北陸のイヤサカサッサや津軽のヨサレジョンガラ節など故郷のものが多かった」という。大正初期の段階で各地域で盆踊りが行われていたようで、佐々木登『サロベツ原野 わが開拓の回顧』には大正期におけるサロベツ原野（北海道天塩郡豊富町）の盆踊りに関するこんな描写がある。

幾春別地区の盆踊り（昭和初期、提供：三笠ジオパーク推進協議会）

盆踊りはずいぶん盛んであった。（中略）周囲は見物人で黒山のよう。市街は大正三、四年頃までは十戸余り、大正十年頃でも五、六十戸であったのだが、どうしてこんなに大勢の人がどこから出てくるのだろうと不思議に思われるほどだった。

（佐々木登『サロベツ原野』）

北海道では近代炭鉱の先駆け的存在でもある幌内《ほろない》炭鉱（現在の三笠市）が一八七九年に開鉱されたことを皮切りに、各地で炭鉱の開発が進められたが、こうした炭鉱でも盆踊りが盛んに行われた。そのひとつが、「ベッチョ踊り」という卑猥な歌詞を含む盆唄が踊られていた三笠市の幾春別《いくしゅんべつ》炭鉱だ。「ベッチョ」とは女性器のこと。ただし、ここでいう女性器とは炭鉱の坑口とかけたダブルミーニングという見方もある。
一九四〇年、「北海民謡の父」とも称される今井《いまい》篁山《こうざん》がこの幾春別炭鉱の盆踊りに足を運んだことから、北海道を代表する盆踊り唄が生まれる。そのプロセスを北海道民謡連盟最高師範である吉田《よしだ》源鵬《げんぽう》はこのように説明している。

昭和15年8月、札幌の今井篁山が幾春別炭鉱の盆踊りを見て、その賑やかなこと、十《と》重《え》二十重《はたえ》の踊りの輪、数百名の熱気に溢れた躍動、踊りは粗野ではあるがリズミカルで、軽快で華やいだ節回しである。ただ、即興的に唄われる文句はあまりに卑猥であって、家族を挙げて楽しむにはちょっと抵抗を感じた。札幌に帰り、一般向きに利用できる盆踊り唄にと、NHKや新北海道新聞社（現在の北海道新聞社）に働きかけ、歌詞を募集、選定した。そのかたわらメロディーも多少編曲、当時、都市部の主流をなす「北海よされ節」と併せ「ベッチョ踊り」の文句を改善して盆踊りに取り入れ、「炭坑盆踊り唄」として活用した。昭和21年、豊平川《とよひらがわ》河畔で敗戦後初めて催された盆踊りにまず用いられ、（中略）昭和27年にHBC（北海道放送）が開局記念として盆踊りの歌詞を一般から募集し、都市型の北海道の盆踊りの機運が醸成されていった。

（吉田源鵬『いいたかふんじゃん』）

「ベッチョ踊り」は今井篁山らによる健全化プロセスを経て、一九五四年七月には「北海炭坑節」というタイトルでレコード化された。一九五七年には伊藤かづ子の吹き込みによる「北海盆唄（ちゃんこ節）」が発売され、さらに一九五八年には北海道生まれの三橋美智也が「北海盆唄」を吹き込んで全国的なヒットとなる。この「北海盆唄」が現在では「ソーラン節」などと並び、北海道でもっとも知られる民謡となっているのは説明不要だろう。

福岡県内陸部の筑豊《ちくほう》地域で炭鉱夫たちが歌っていた作業唄をベースに「炭坑節」が生まれ、さらには常磐炭田《じょうばんたんでん》（福島県双葉郡富岡町〜茨城県日立市）で歌われていたものが「常磐炭坑節」になっていったように、炭鉱からはいくつもの盆踊り唄が生まれ、やがて全国へ伝えられていった。さまざまな地域から集まってきた労働者にとって盆踊りの場は孤独な坑内で得られない一体感を感じられる場でもあったのだろうし、なによりも常に死と隣り合わせの坑内から解放される場でもあったはずだ。

また、炭鉱夫のなかには炭鉱から炭鉱へと渡り歩くものもいたため、そのぶん歌が広がりやすかったということもあるだろう。そもそも「ベッチョ踊り」の「ベッチョ」という言葉は、福島県北部から宮城県南部にかけて分布している方言だ。それが北海道に伝えられて「ベッチョ踊り」になったという説もある。なお、福島から多くの移民が渡ったハワイ島の盆踊りでは「ベッチョ」という掛け声が現在も使われているそうで、「ベッチョ」という言葉ひとつとっても広大な分布図を描けるのだ。

「子供盆おどり唄」

一九五二年には、北海道の地でもうひとつの盆踊り唄が創作されている。それが現在でも北海道における盆踊り唄スタンダードとなっている「子供盆おどり唄」だ。

この曲は当時江別《えべつ》市に住んでいた童謡詩人の坪松一郎が作詞を、童謡作曲家の山本雅之が作曲を担当。北海道出身の舞踊研究家、睦哲也《むつみてつや》が振りを付けた。北海道教育委員会および札幌市教育委員会が協力しており、当初から盆踊りだけでなく、運動会など学校教育の場での普及が想定されていたと思われる。一九五二年ということは、「北海盆唄」関連の一連のレコードが発売される以前、北海道各地の盆踊り会場では卑猥な歌詞を盛り込んだ「ベッチョ踊り」が踊られていた時代だ。そうした事態を重く見た教育委員会が、子供でも踊れる健全な盆踊り唄として企画を推し進めたのがこの曲だった。

また、戦後の北海道でも各地で新たな盆踊りが立ち上げられた。一九五三年にＨＢＣ（北海道放送）が札幌市の中島公園で納涼盆踊り大会を開催（のちに大通公園に会場が移され、現在もさっぽろ夏まつりの行事として続いている）。一九五五年には、戦没者供養や戦災復興祈願を目的とする市民盆踊りが初開催されるなど、現在も続く大規模な盆踊りが始まっている。

北海道で戦後から始まった多くの盆踊りにおいてテーマソング的に踊られ続けてきたのが、「北海盆唄」と「子供盆おどり唄」の二曲だった。「子供盆おどり唄」は一九五二年に吹き込まれたオリジナル・ヴァージョンが現在も多くの盆踊りで使われている。

ただし、同じ北海道であっても、場所によってはまだまだ治安対策が十分ではなく、盆踊りがらみの事件もたびたび発生していたという。『正調北海盆踊りと旭川夏まつり』によると、一九六〇年代初頭までの盆踊りはどこもかなり荒れていたようで、毎年喧嘩が絶えなかったという。一九六〇年には旭川市内の盆踊り会場で起きた少年同士の喧嘩が殺人事件にまで発展。翌年の盆踊り大会が中止された。

その後、町内会長やスポンサーの酒造会社らの話し合いのもと健全化に向けた取り組みが計画され、一九六二年七月には正調北海盆踊り保存会が結成された。そのなかで次の五つの改正案が出された。

一、踊りの会場を従来より照明の明るいものとする。
二、子供の参加は夕刻早い時刻にし、子供盆踊りと位置付ける。その終了後大人の盆踊りとする。

三、いままで不統一であった踊りを会で統一し、新しい踊りの型を決める。
四、唄は従来「よされ節」が多かったが、今後は「北海盆唄」を主流にし、歌詞は卑猥なものを排除する。
五、太鼓の打ち方を統一する。

そうした取り組みの成果もあり、現在もこの盆踊り大会は大成夏まつりの一環として継続中である。子供の部はレコード再生による「子供盆おどり唄」で、大人の部は生歌による「北海盆唄」という二部構成で開催されており、地域の住民たちで毎年賑わうという。なお、こうした二部構成の盆踊りは北海道の盆踊りでは典型的なものである（大人の部はレコードなど音源で踊られることもある）。

外部からの盆踊り文化の流入、炭鉱における地域化、健全化と新たな文化の創作、地域振興を目的とする盆踊りの開発。北海道の盆踊り文化はそのようなプロセスを経て形成されてきたわけだが、そのようなプロセスは他の地域でも見られたものだろう。

時代はいよいよ一九五〇年代から六〇年代へ、日本は高度経済成長期へ突入する。社会がめまぐるしく変容していくなかで、さらに多くの盆踊り大会が各地で立ち上がることになる。

第三章

高度経済成長期の新たな盆踊り空間――昭和三〇～四〇年代

1　高度経済成長期の到来

故郷喪失者たちが夢見た「ふるさと」

終戦から一〇年後にあたる一九五五年、国民所得が戦前の水準を上回り、一九五六年の『経済白書』には「もはや戦後ではない」という言葉が掲げられた。年平均一〇パーセントを超える実質経済成長率を記録した高度経済成長期の到来だ。

地方から三大都市圏（東京、大阪、名古屋）など都市部への人口流入数は一九五五年以降増え続け、第一次ベビーブーム世代が一五〜一八歳に達した一九六〇年代初頭になると、都市部への流入数はピークに達した。そうした転入者のなかには集団就職で地方からやってきた若者たちも含まれており、彼らの多くは第二次産業（鉱業、建設業、製造業）および第三次産業（運輸業、商業、サービス業）に従事した。戦後の経済成長を土台から支えた若き地方出身者は「金の卵」とも呼ばれた。

五〇年代から六〇年代にかけて、東京の都心部には彼ら「金の卵」たちが集まる場所がいくつかあった。そのひとつが、民謡の生演奏を聴かせる民謡酒場だ。以前、民謡界のとある大御所に取材した際、六〇年代半ばの民謡酒場の話を聞いたことがあるが、勘定をする帳場の足元の箱から一万円札が溢れ、箱が閉まらなくなるほどの盛況ぶりだったという。活況の背景には、好景気によって民謡酒場へと出かける経済的余裕が庶民のあいだに広がったこと、戦後の民謡ブームによって都会の出身者たちが民謡の魅力を発見したことなどがあった。

そうした民謡酒場の歌い手や演奏者のなかには、地方出身者も少なくなかった。集団就職によって東北や北陸からやってきた若者たちにとって民謡酒場とは、同じ境遇の仲間たちと共に故郷へ思いを馳せる場ともなっていたのだ（山村基毅は前出の『民謡酒場という青春』において、集団就職と民謡酒場の関係性について解き明かしている）。

国鉄上野駅に降り立った集団就職する中学新卒者たち（1962年3月1日、提供：朝日新聞社）

また、地方出身の若者たちが集うもうひとつの場所として、五〇年代半ば以降一気に店舗数を増やしていく歌声喫茶があった。ピアノやアコーディオンの演奏に合わせ、唱歌や童謡、ロシア民謡、労働歌などを合唱するこうした喫茶店は、労働運動や学生運動と結びついた「うたごえ運動」の広がりとともに数を増やしていく。その最盛期は六〇年代半ばまで。まさに高度経済成長期の時期とも重なり合う。

地方から都市~郊外へと移り住んだのは、それぞれに異なるルーツを持つ多種多様な人々の集合体でもあった。彼らは集団就職で地方の農村からやってきた場合もあれば、進学のため都心へ出てきた場合もあった。五〇年代以降に各地で生み出された新しいコミュニティーとは、そうした多様な人々から形成されていた。

そして、そのようなコミュニティーにおいて盆踊りは新たな役割を担った。民謡酒場のように望郷の念をいくらかでも解消し、孤独を紛らわせてくれるだけではない。他者と繋がり、地域と繋がる場として、あるいは人々がその地域に対して親しみを持ち、「新たなふるさと」としての愛着を育むための場所として盆踊りは必要とされた。

社会学者の高橋勇悦は地方の農村部から都市部への一方的な人口流入が続くなかで、「ふるさと」のイメージが変容していったことを指摘している。

大正に入る頃から昭和二十年までの時期において、都市移住者には鮮明かつ強烈な故郷のイメージがあった。実際には簡単に帰ることはできなかったにせよ、故郷は人びとの心のささえであった。昭和二十年代においては、まだそのような故郷のイメージは多少とも生きていたようである。しかし、昭和三十年あたりから、その故郷のイメージはこわれはじめ、心の拠りどころではなくなってきた。
故郷のイメージの崩壊は急速にすすむ産業化、都市化のなかで生じた。一般的にいえば近代化や大衆化の所産である。産業化・都市化は都市と農村の地域格差、というよりは非農業と農業の生産所得の格差を残しながら、都市と農村の社会的距離を縮めていく。（中略）日本は狭小となり、一元化される。そこにはもはやあの「故郷」が存在する余地はない。生まれ育った故郷があるにしてもそれはあの「故郷」ではなく、もはや存在しないに等しい。一般的にいえば、たとえどこに住もうとも、この社会的状況においては、故郷は存在しないのである。

（高橋勇悦「都会人とその故郷」）

地方出身者にとっての故郷とは、高度経済成長期までは「帰る場所／帰ることのできる」場所だった。「働き先としての都市」と「帰るべき場所としての故郷」のあいだにははっきりとしたボーダーラインが引かれていたともいえるだろうか。
その意味で、大正初期に尋常小学唱歌の教科書で発表された「ふるさと」の歌詞は象徴的だ。一番では故郷の美しい山村風景が歌われ、二番では両親への思いが綴られたあと、三番では「志を果たしていつの日にか帰らん／山は青き故郷／水は清き故郷」と締めくくられる。

都会で志を果たしたあとは、両親の待つ美しい故郷へ帰ろう――「ふるさと」のなかでは、そんな「いつか帰るべき場所」として故郷は設定されている。

だが、高橋は「生まれ育った故郷は帰るべきところでも、帰れるところでもない。いや、もう少し強くいえば、帰りたくないところであり、おそらくは帰ってもどうにもならないところである」とする。戦後の産業化・都市化のなかで「故郷」とはイメージとしてもひとつの実態としても壊れており、そのうえで高橋は「精神的拠点としての故郷が失われると同時に、多様な故郷があらわれた。もちろん、生まれ育った土地は文字通り故郷ではあるが、それはもう故郷の意味を失っている。だから、それ以外の故郷がいろいろなかたちで考えだされてくるのである」と結論づける。

先に高橋が書いたように、戦前までの故郷は人々の心の支えだった。だが、一九五〇年代半ば以降、都市化が進むなかで、故郷は一年に数回帰るだけの場所となっていく。それはもはや「心の支え」ではなく、ただ単に両親が住む場所に過ぎない。彼らの住むべき場所は、故郷ではなく都市にあるのだ。

こうした故郷の喪失と、そのプロセスを経た多様な「故郷」の出現は、これ以降の本書における重要なテーマとなるだろう。集団就職で都心にやってきた労働者たち、あるいは後ほど詳しく触れる「団地族」のような故郷喪失者たちは、もはや存在しない「ふるさと」を探し求め、そのイメージを手作りの盆踊り空間のなかで再構築しようと試みた。高度経済成長期以降に始まった盆踊り・夏祭りの多くに「ふるさと盆踊り」「ふるさと祭り」といったかたちで「ふるさと」という言葉が名づけられたことは、そのことを端的に表している。

新生活運動による危機

高度経済成長期以降に始まったさまざまな盆踊りの背景を探る前に、都心への人口流入とともに、一部の地方では盆踊りや祭りが存続の危機に晒されていたとする社会学者の阿南透《あなみとおる》の考察を紹介しておきたい。阿南は青森ねぶた祭（青森県青森市）、野田七夕まつり（千葉県野田市）、となみ夜高《よたか》まつり（富山県砺波《となみ》市）といった都市祭礼を例に挙げながら、これらの祭礼が高度経済成長期前半に迎えた衰退についてこのように分析している。

まず、高度経済成長期には、経済効率を重視し、無駄を省く考え方が広く行き渡った。こうした思考を広めたものの中に生活改善諸事業があった。なかでも祭礼の支出を浪費として批判し、祭礼自体の廃止や縮小を促した運動として、新生活運動がある。

新生活運動とは、一九五五年に設立された新生活運動協会が推進した事業である。全国的な事業として推進されたものの、直接の担い手をもたなかったため、公民館活動との結びつきが強まった。（阿南透「高度経済成長期における都市祭礼の衰退と復活」）

新生活運動とは鳩山一郎内閣によって提唱された、民主的かつ合理的な暮らしを目指した日常生活向上運動の一種である。健全娯楽の振興や生活行事・封建的因習の改善、迷信因習の打破、冠婚葬祭の簡素化が全国の婦人会や青年団によって推し進められた。

新生活運動の名のもと、各地域で伝承されてきた祭礼や盆踊りも変容を迫られる。言うまでもなく神社の例大祭や近代以前にルーツを持つとされる伝承型盆踊りの多くは、経済効率とは無縁の目的・意義のもと続けられてきたわけで、新生活運動のめざすものとは明らかに合致しない。そのため、「経済効率を重視し、無駄を省く考え方」のもとで複雑な手続きが簡略化されたり、踊りや歌がよりシンプルになったりした。

戦後に立ち上げられた地域住民のレクリエーション的盆踊りの場合、従来の祭礼に比べれば金も手間もかからず、特別な演奏技術も必要としない。少なくとも新しいコミュニティーにとっては効率がよく、使い勝手がよかった。新しい盆踊りと新生活運動は直接結びつくことはないが、高度経済成長期の空気のなかで醸成された「経済効率を重視し、無駄を省く」というムードとは決して無縁ではない。盆踊りの変革は高度経済成長期におけるライフスタイルや思考・価値観の変化ともリンクしているのだ。

2　日本共産党後援会が立ち上げた盆踊り

神奈川県川崎市川崎区ふるさと大師盆踊り

ここからは高度経済成長期以降、都心へとやってきた労働者たちが始めた神奈川県川崎市川崎区のふるさと大師《だいし》盆踊りと、横浜市港北区のふるさと港北秋まつりについて紹介したい。川崎市は戦前から開発が進められ、日本の経済成長を支えた一大工業都市である。川崎市の臨海部には鉄鋼や石油、化学関連の生産拠点が広がっており、京浜工業地帯の中心を担ってきた。高度経済成長期に入ってからは人口が急増。一九五七年九月には人口が五〇万人を、一九七三年五月には一〇〇万人を突破した。わずか一六年で人口が倍増したわけだが、その要因となったのが集団就職の若者たちが地方から大挙してやってきたことだった。

ふるさと大師盆踊りは毎年八月上旬の三日間行われ、一日で三〇〇〇人が集まる。舞台となるのは、真言宗智山《ちさん》派の大本山である平間寺《へいけんじ》（通称・川崎大師）の一角に広がる大師公園。ここは東西に広がる川崎市のなかでも湾岸沿いの工業地域に位置している。

老若男女で賑わうふるさと大師盆踊り（2019年、撮影：大石慶子）

この盆踊りの特徴のひとつは、その運営組織にある。ふるさと大師盆踊り実行委員会の中心メンバーは日本共産党の大師地域後援会が務めており、実質、この盆踊りは同後援会が立ち上げたといえる。川崎市はもともと共産党の地盤が強い地域。周辺地域では共産党後援会が主催に関わる盆踊りがいくつか行われているが、ふるさと大師盆踊りはそのなかでも最大の規模を誇る。

　では、日本共産党の大師地域後援会はなぜこの盆踊りを立ち上げたのだろうか。一九六四年のスタート当初から関わる菅野充《すげのたかし》さん（一九三七年生まれ）と吉田《よしだ》十三夫《とみお》さん（一九四三年生まれ）、六〇年代半ばから関わっている掛水俊雄《かけみずとしお》さん（一九五二年生まれ）という大師地域後援会の三人にお話を伺うことになった。

　最年長の菅野さんは福島県二本松市の出身。高校を卒業した一九五五年に川崎へやってきて、日本冶金《やきん》工業川崎製造所に就職した。同期入社は四五人。九州や四国、東北など各地からやってきた若者たちだったが、「みんな途中で辞めたり亡くなったりして、定年までいたのは俺と数えるぐらい」（菅野さん）だったという。また、吉田さんは川崎の生まれ。父親は「味の素の下請けで（大型機械など重量物の搬入・設置を専門とする）重量鳶《とび》をやっていた」そうで、吉田さん自身は自宅の一角で町工場を営んでいる。掛水さんは高知の生まれで、高度経済成長期の終焉前後に川崎へやってきた。

ふるさと大師盆踊りが始まった経緯について、吉田さんはこう話す。

「大師盆踊りの前から各町内会で盆踊りをやってたの。でも、高度経済成長が始まった時期ぐらいから、学校が荒れだした。大師町の町内会でやっていた盆踊りにそういう連中が集まるようになって、どこもやめちゃったんだよね。共産党の松島松太郎が衆議院に出るときに後援会を作ったんだけど、（日本）冶金の人だとかを巻き込みながら後援会主催で盆踊りをやることになった」（吉田さん）

共産党の大師地域後援会が主催といっても、運営には当時から共産党関連のさまざまな組織や民主団体が加わっていた。そのひとつが共産党との関係が深い医療生活協同組合、大師診療所（当時は大師病院）だ。全日本民医連のウェブサイトによると、大師診療所は「一九五一年三月、レッドパージで職場を追われた岡田久医師（故人）が、『医療に貧富や民族の差別があってはならない』という信念のもとに、労働者のまちであった川崎市の南部の地に大師診療所を開設」したもの。「ふるさと大師盆踊り」は立ち上げ当初から大師診療所の関係者が数多く関わっており、そのため「地元の人たちにとっては『大師病院がやってる盆踊り』っていう感覚だったと思う」（吉田さん）という。

一九六四年の立ち上げから数年のうちは、あくまでも「内輪でやっていた感じ」（菅野さん）だったそうで、現在のような家族連れは決して多くなかった。当時の川崎は三重県四日市市などと並んで全国的にも稀に見る深刻な公害問題を抱えており、「産業道路を歩くと顔が真っ黒になるぐらい」（吉田さん）、「洗濯物を干したら、すぐにしまわないと黒くなっちゃう」（掛水さん）ほどの酷さだったという。盆踊りが始まった当初というのは、まさに公害が社会問題になっていた時期でもあった。

「ところが、高度経済成長期が終わると大企業がいなくなって、空き地がいっぱいできたの。そこにマンションが建って、人口がだんだん増えだした」（吉田さん）

時代は七〇年代初頭から中盤にかけて。大企業や下請けの鉄工所で働く労働者がオイルシヨック以降減った代わりに、跡地に建ったマンションに子連れの家族が流れ込んできたのだ。

ふるさとと大師盆踊りはもともと「故郷に帰れない労働者の孤独を埋めるための盆踊り」という一面を持っていたが、このころから地域住民のためのレクリエーションという側面を強めていく。

近年は多摩川沿いの工場や鉄工所が減ったことにより、マンションがさらに増加。若い共働き世帯が入居したことで、子供たちがふたたび増えているという。そのため、途絶えていた町内会の盆踊りが子供会の要請で復活したところもあるらしい。こうした盆踊りは、夏休みに川崎の外へ遊びにいく経済的余裕のない家庭の子供たちにとっては思い出作りの場ともなった。

先ほどの問いに戻るならば、なぜ日本共産党の大師地域後援会はこの盆踊りを続けているのだろうか？

「盆踊りは昔からの歴史もあるし、大衆のなかに入って文化を大切にするんだという感覚だよね。運動っちゅうのわよ、なにも共産党をでかくするためのものじゃないわけ」（吉田さん）

「赤旗まつりはすごく刺激になったんだよね。共産党というと硬いイメージがあったけど、赤旗まつりをやるといろんな人が来る。大師の盆踊りも誰だって来れるわけで、町内会の盆踊りよりハードルが低い。みんな自由に踊れるし、好きに飲み食いできるわけで、やってても楽しいよね」（掛水さん）

共産党が浜離宮恩賜庭園《はまりきゆうおんし》（東京都港区）で赤旗まつりを初開催したのは一九五九年。その五年後にふるさと大師盆踊りが始まった。開催当初の運営チームの頭のなかには赤旗まつりのイメージがあったのは間違いないだろう。

ふるさと大師盆踊りも大師地域後援会の運動の一環として始まったものの、地域に受け入れられていくなかで住民たちの楽しみとなり、運動を離れてひとつの地域文化となっていった。僕も二〇一九年にこの盆踊りを訪れたが、会場に足を踏み入れて感じたのは、政党色が思った以上に薄いということだった。関連するいくつかの幟《のぼり》が立っているぐらいで、パッと見たところ共産党関連の盆踊りということは分からない。今回お話を伺った三人もそのことを肯定的に捉えているようで、吉田さんは「文化を作るということが大事」と話す。

また、川崎にはさまざまな地域／国にルーツを持つ住民が住んでいるが、彼らにとってのふるさと大師盆踊りとは、川崎を「地元」として意識できる貴重な機会ともなっているようだ。地元に居場所のなかった在日朝鮮人の血を引く子供が、盆踊りを通じてようやく地域と関わりを持てるようになったケースもあったと聞く。

「数年前、焼き鳥を焼いてるときにお客さんと話していたらね、『私はここで生まれたんだけど、里帰りのついでに寄ってみたら相変わらずやってて嬉しかった』という人がいてね。五〇年もやってりゃ根付いて当たり前だと思うけど、そういう話を聞くと嬉しいよね。盆踊りをやるようになってからお盆は故郷の高知に帰れなくなったけど、それはもうしょうがない」（掛水さん）

神奈川県横浜市ふるさと港北秋まつり

さて、神奈川県のもうひとつの祭り、ふるさと港北秋まつり（神奈川県横浜市港北区）に話を移そう。

こちらも日本共産党後援会が立ち上げた祭りで、スタートしたのは七〇年代。現在毎年一〇月に行われているが、当初は八月最後の週末、「ふるさと港北夏まつり」として行われていたという。会場となるのは東急電鉄東横線・妙蓮寺《みようれんじ》駅の駅前に広がる菊名《きくな》池《いけ》公園。もともと菊名池は農業用水のための貯水池であり、周辺地域は古くからの農村だった。高度経済成長期に入って東京南部の工場がどんどん神奈川県側へと移転し、港北の新羽町《にっぱちよう》や新吉田、緑区が工業化していったが、妙蓮寺周辺はむしろ東横線を使って都心へと働きに出るサラリーマン世帯の住むエリアだったという。労働者の町で始まったふるさとと大師盆踊りに比べると、同じ共産党後援会が立ち上げた祭りといっても、だいぶ背景が違うわけだ。

ふるさと港北秋まつりの始まりについて話を聞かせてくれたのは、この祭りの立ち上げ当初から関わっている唯一のメンバーである横関克弘《よこぜきかつひろ》さん。地元は東京都大田区の雪が谷大塚だが、港北区新羽町の会社で三一年間に渡って機械設計の仕事に携わり、二〇代のころから青年運動と労働組合運動に関わった。

「菊名池公園の近くに共産党後援会の事務所があったんです。当時私は民青同盟にいて、共産党後援会の活動を応援する立場にいたんですけど、『地元に共産党の姿を示そうよ』という話が出てきたんですね。それで赤旗まつりの港北版をやろうと。

最初は映画の上映会をやってたんだけど、映画は準備がいろいろと大変で。周辺の地域で盆踊りをやっていたので、『うちらも盆踊りをやろう』ということになったんですね。『いろんな地域からやってきたけど、ここをふるさとにしようよ』ということで、ふるさと港北夏まつりという名前になったんです。

最初は本当に手探り。踊りや太鼓をやってる人たちがいなかったので、踊りは市営勝田団地（横浜市都筑《つづき》区）の方を呼んできたり、いろんな人たちの力を借りて始めました。『炭坑節』にしても『東京音頭』にしても最初はドーナッツ盤をかけてた。しばらくしたらカセットテープになったけどね」（横関さん）

ふるさと港北秋まつり（2016年、提供：ふるさと港北秋まつり実行委員会）

共産党後援会が立ち上げた祭りではあるものの、やがて町内会の踊り団体や妙蓮寺の商店街、町内会が運営に関わるように。それと同時に政党色を薄め、地域の祭りとして住民たちに受け入れられていった。

かつては盆踊りだけでなく、日中には落語会や映画上映会も開催。横関さんも「当時はみんな若かったからいろいろできたんだろうね。バンド演奏やダンスが入ったり、一日を通していろんなことをやってた。青空文化祭りみたいな感じで、最後のシメが盆踊りだったんです」と話す。

二〇〇〇年代に入ってからは会場周辺にマンションが増えたことで、子供たちも増加。盆踊りはさらに大きな盛り上がりを見せていく。その一方で後援会や商店街のメンバーは高齢化。二〇一六年には暑い夏を避けて一〇月へと開催日が変更され、二日間開催が一日になった。

活力を失いつつあったそのころから運営に関わるようになったのが、フリーランスの編集者／ライターである小林野渉《こばやしのあ》さんだ。各地のまちづくりに関わってきた小林さんは、「僕自身は川崎や横須賀などあちこちの祭りに関わってきたんですけど、そのことを知った実行委員の方から声をかけられたんです。僕は共産党の人間じゃないけど、地域でやってることは応援したいと思って関わることになったんですね。入ってみて感じたのは、世代継承がうまくいってないということ」と話す。

二〇一六年に行われたふるさと港北秋まつりでは、小林さんのディレクションにより都内の踊りチームとコラボレーション。それまで踊られていた「よこはまアラメヤ音頭」などはそのままに、岐阜県の「白鳥おどり」など新たなレパートリーが加えられた。ＤＪのパフォーマンスなども行われ、新たな活気が持ち込まれたが、小林さんは「あくまでも地域の文脈を踏まえたうえでやるのが大事だと思う」と話す。

「このあたりには子供たちもたくさんいるし、キッズ・ダンスをやってるダンス・スクールもある。インドのダンスやフラダンスをやってるところもあるんですね。そうしたダンスを

やったうえで、盆踊りをそうした踊り文化のひとつとして考えるようになってるんです」（小林さん）

先述したように、第一回目から関わっている横関さんは大田区が地元。港北は職場があり、労働組合の一員として地道な地域活動を続けてきた場所でもあるわけだが、「へたをすると地元以上にここのほうが長く過ごしてるんですよね。自分の人生にとっても重要な場所になっているんです」とも話す。

「小学生のころ親に連れられて祭りに来ていたという女性と話したことがあるんですよ。一度ここを出ていったんだけど、大人になって戻ってきて、また祭りに戻ってきたと。しかも自分の子供を連れてきたんですね。ウチは横関家として毎年お店を出していて、子供たちも小さいころから来ている。家族であの祭りに関わってきたんですよ」（横関さん）

祭りを始めたときに横関さんたちが抱えていた「いろんな地域からやってきたけど、ここをふるさとにしようよ」という思いは、長年祭りを続けるなかで実を結びつつある。だが、その実を子供たち世代に繋げていくためにはいったい何が必要なのだろうか。小林さんなどコミュニティー外の人たちも招きながら、ふるさと港北秋まつりはさらなる変革を進めようとしているところだ。

3　釜ケ崎夏祭り

越冬闘争から誕生

続いて大阪府大阪市西成区《にしなり》の釜《かま》ヶ崎《さき》夏まつりに目を向けてみよう。この祭りはオイルショックによって高度経済成長期が終焉を迎える前年、一九七二年に始まった。会場は「三角公園」という通称でも呼ばれている萩之茶屋南《はぎのちゃやみなみ》公園だ。周辺一帯には日雇い労働者のための簡易宿泊所が集まるあいりん地区が広がっており、地元の人々のあいだでは「釜ヶ崎」というかつての地名で呼ばれている。

この町の労働者たちもまた、高度経済成長期を裏から支えた功労者だった。だが、彼らを搾取する暴力団組織や警察とのあいだで衝突が絶えず、一九七一年から七二年にかけてはたびたび暴動が発生する。そうした混乱のまっただなかで釜ヶ崎夏まつりは始まった。

人文地理学者の原口剛《はらぐちたけし》は一九六一年から一九六七年までに釜ヶ崎で発生した暴動を第一期としたうえで、一九七〇年以降の第二期暴動についてこう書いている。

一九七〇年代に入ると暴動は第二期に入る。この時期は、わずか三年のあいだに一三度もの暴動が起こっており、騒乱がもっとも劇的だった時代だ。第一期の暴動がまったく自然発生的であったのとは違って、第二期にはさまざまな労働運動が繰り広げられた。労働運動は、暴動に凝縮されていた日雇い労働者のエネルギーを活用しつつ、やがてセーフティネットとしてまちに根づいていく政治文化の種をまいたのだ。

（原口剛「騒乱のまち、釜ヶ崎」）

この一文のなかの「政治文化の種」とはなにか。一九七〇年五月には釜ヶ崎ではじめてのメーデーが行われ、一九七一年一二月一〇日には行政に越年対策を要求するための決起集会が三角公園で開催されたが、原口はこの年の決起集会を「政治文化の種」としている。年末年始は日雇い労働者の仕事が途絶える時期である。彼らにとって寒い冬を乗り越えるのがひとつの闘いとなる。だが、一九七一年一二月の決起集会はあまりの寒さゆえに参加者が集まらず、早めに集会が切り上げられることになった。越冬対策実行委員会のメンバーが暇を持て余して相撲を始めたところ、騒ぎを嗅ぎつけた労働者が続々と集結。集会よりも多くの人が集まり、大きな賑わいを見せたという。そのため、この年の越冬闘争では余興として相撲やソフトボール、のど自慢大会、もちつき大会が開催されることになった。

そうした成果を踏まえ、翌一九七二年には「我らまつろわぬ民、ここに自らを祭らむ」というテーマを掲げた釜ヶ崎夏まつりが初開催される。偶然始まった相撲が祭りにまで発展してしまったわけで、なかなかユニークなケースといえるだろう。

なお、原口によると、当時の三角公園は暴力団組織が仕切る賭博場と化しており、そうした場所で祭りを開催するということは「暴力団組織から公園を奪い返し、真っ向からケンカを売るのと同じこと」だったとしている。実際に初回の夏祭りでは実行委員会が暴力団組織や右翼から襲撃されたが、実行委員会は祭りの象徴である櫓を守り抜いたという。

「もうひとつのふるさと」

釜ヶ崎夏まつりはお盆に帰省することのできない／する場所のない労働者にとって、釜ヶ崎が「もうひとつのふるさと」であることを再認識する機会ともなってきた。二〇一九年に釜ヶ崎夏まつりを訪れた際、僕は象徴的なシーンを目の当たりにした。

四八回目を迎えたこの年の釜ヶ崎夏まつりは、台風一〇号の直撃が予想されたため、最終日である八月一五日の開催は中止。僕が訪れた一四日も全体のスケジュールが早められ、翌日行われるはずだった慰霊祭が急遽この日に行われることになった。

この慰霊祭は前年の盆以降に亡くなった労働者を追悼するためのもので、夏祭りの期間中、本部席の横には祭壇が設けられる。そこには一年間のうちにあいりん地区で亡くなった人々の名前が記されている。その数はざっと一〇〇人以上。僧侶による読経だけでなく、キリスト教徒にも配慮して神父が故人の名を読み上げる。そうしたセレモニーのあと、全員で文部省唱歌である「ふるさと」を合唱するのだ。

釜ヶ崎夏祭り（2019年、撮影：大石慶子）

釜ヶ崎は現在、激変期にある。労働者の高齢化、観光客の増加、地価の上昇。もともと労働者のために始められた釜ヶ崎夏まつりも、長く続けるなかで地域の恒例行事として広く親しまれるようになった。だが、その根底には今も故郷に帰ることのできない労働者たちを勇気づけ、亡くなった仲間たちの魂を慰めるという原点がある。
釜ヶ崎夏まつりのラストは毎年盆踊りが飾ることになっている。僕が訪れた年には大阪のご当地音頭である「河内音頭」の実演が披露され、大きな踊りの輪ができた。その光景を遠巻きに見ている労働者も多かったが、大阪以外の地域出身者も多いことを考えれば、それも当然のことだろう。本来であればこのあと「炭坑節」などのスタンダードで踊る盆踊りタイムが予定されていたが、台風が直撃していたために河内音頭でこの日の祭りは終了。盆踊りタイムは実施されなかった。
ここでは村田らむのルポに記された近年の盆踊りの模様を引用しておこう。釜ヶ崎に足繁く通うB・カシワギという人物の証言である。

普通の盆踊りと違って、櫓を中心に3つくらい同心円ができるんです。それぞれ最初は右回りだったけど途中から反対回りになって、またもとにもどってと、それぞれ自然の流れで回るんです。踊りも気ままで誰かうまい人がいたら、それをみんなまねして歌ったり、急にオッサンが逆流して激しく踊ったり。ホームレスのオッチャンらに、若い子らに、新世界のオカマさんらに、みんなでグルグルと踊る。とにかくメチャ自由なんです。

（村田らむ「20代無職の男が大阪・釜ヶ崎で見出した希望」）

残念ながらこの盆踊りの光景を僕は目の当たりにすることはできなかったが、釜ヶ崎夏まつりの会場に流れる温かいムードには特別なものがあった。労働者名人会のカラオケ大会ではおっちゃんたちが「あこがれのハワイ航路」「若いふたり」を熱唱。仲間たちがその歌声に野次を飛ばす。カラッとした明るさがあるのも釜ヶ崎夏まつりの特徴だ。

なお、釜ヶ崎夏まつりを運営しているのは、釜ヶ崎実行委員会という有志のグループである。彼らは年末年始の越冬闘争と越冬まつりも実施している。一九七二年の祭りの立ち上げ当初から変わらず、釜ヶ崎では祭り／盆踊りと闘争が密接に結びついているのだ。

4　工場の盆踊り

福利厚生イヴェントとして

工場で働く労働者のために始められた盆踊りとしては、福利厚生の一環として立ち上げられたものもあった。ふたたび時計の針を戻し、昭和初期まで遡《さかのぼ》ってみよう。小寺融吉が『郷土舞踊と盆踊』に記した、工場盆踊りに関する貴重な証言である。

佐賀市の錦華紡績《きんかぼうせき》の櫓は、写真で見ると二重になって上と下に人がいる。女工三百人が太鼓に合わせて踊るという。太鼓打ちその他は外から専門家を雇うのか、女工自身が器用にやるのかは不明だが、（略）華やかさがあり楽しさがある。栃木《ママ》県の古河には紡績工場が十二もある。昭和七年の盆は糸価の好調で莫大な利益があがったからでもあろうが、須藤工場というのは工場の広場に三階の櫓を二ヶ所に立て、女工に揃いの浴衣を与えた。茨城県土浦の土浦繭市場製糸部では、昭和十年には女工四百人に揃いの浴衣を与えた。

（小寺融吉『郷土舞踊と盆踊』）

数百人の女工が揃いの浴衣で踊ったというのだから、いずれもかなり賑やかなものだったのだろう。小寺はその他にも岡山県西大寺町《さいだいじちょう》（現在の岡山市東区）の鐘紡《かねぼう》の盆踊りを取り上げている。こちらは一九三二年ごろからスタート。「男工が組織する鐘紡ブラス・バンドが伴奏」し、「今では町の名物になっている」と書いている。

工員たちのレクリエーションとして行われたこうした盆踊りでは、ときにはオリジナルの盆踊り唄も作られた。岩手県・千厩町《せんまやちょう》（現在の一関市）の県是《けんぜ》製糸工場では、長野県伊那《いな》地方の民謡「伊那節」の節を使った「千厩県是小唄」が制作された。小寺はそのほかに、神奈川県横浜市鶴見区の潮田工場で作られた「潮田小唄」や東京都八王子市の各工場で踊られた「オリヤセ節」（永井《ながい》白湄《はくび》作詞・中山晋平作曲）などを挙げている。小寺によると、「オリヤセ節」は織物組合工場係が協議し、一九三三年に八王子の工場体操踊りとして導入された。同年夏には一五〇〇人もの労働者が踊りに興じたとしている。

なお、こうした盆踊り唄は、労働者のなかで流行っていた卑猥な歌を払拭し、風紀を正すためのものでもあった。中山晋平が作曲し、佐藤千夜子が吹き込んだ一九二三年の「須坂《すざか》小唄」などは、長野県須坂市の製糸工場で働く女工たちの風紀改善のために作られたものである。いわば第一章で取り上げた明治以降の盆踊り健全化プロセスの一環でもあったわけだ。

地域で親しまれる工場盆踊り

昭和初期、神奈川県川崎市の各工場でも運動会や花見とともに、大規模な盆踊り大会が行われていた。労働者のレクリエーションおよび盆踊りの健全化という段階からもう一歩踏み込み、ここでは「工場を含んだ新たな地域社会の絆」が意識されていた。当時の証言を引用してみよう。

盆踊りでは労働者たちのお国自慢の踊りや寸劇・太神楽《だいかぐら》が、運動会ではダンスが披露された。これらの催しには、六〇〇〇人におよぶ労働者とともに、地元の学校生徒や地域住民も参加した。故郷や地域共同体を想起させる行事を工場が主催することで、工場を含んだ新たな地域社会の絆が演出された。

工場の厚生活動は、工場都市の「健全」娯楽を模索していた市の社会教育行政にも取り入れられた。市は「一般市民の高尚なる音楽趣味の涵養」を目的とした音楽会を主催し、マツダ音楽団の演奏を市民に提供した。

このように工場は、単なる就労の場ではなく、出身も生活背景も違う転入者たちが一体感を共有できる場所であり、また地域住民が郷土意識を具現する場でもあった。

（『川崎市史　通史編４上』）

工場で行われてきたこうした盆踊りは、労働者向けの福利厚生イヴェントであると同時に、地域と繋がるための場としても想定されていた。労働者と地域住民が共存する多種多様な集合体を繋ぎ合わせ、なおかつ郷土意識を育くむ場所として意識されていたわけだ。

CSR活動の一環として

高度経済成長期以降になると、各企業は地域貢献を目的とするCSR活動の一環として盆踊りを主催・共催するようになる。そうした盆踊りのなかには、地域の年中行事として地元住民から親しまれているものもある。

一九七一年から続けられているダイキン工業淀川製作所（大阪府摂津《せっつ》市）主催の盆踊り大会もそのひとつだ。こちらでは「河内音頭」や「江州《ごうしゅう》音頭」といった関西のご当地音頭のほか、オリジナルの「ぴちょん音頭」も披露される。ダイキン工業のCSR活動をまとめたレポートでは、盆踊りについてこのように説明されている。

夏の風物詩、ダイキン工業主催の盆踊り大会は地域の方々が多数参加する大イベントです。1971年、当社淀川製作所の若手従業員向け厚生施策として企画された盆踊り大会は、その後、準備段階で地元の方々にも参加していただける地域ぐるみの大会に発展。企業主催の盆踊り大会としては全国でも最大級の規模となり、優れた企業文化として国内のみならず国外のメディアからも高い評価を受けています。2016年度は国内の製作所で合わせて4万人以上に来場いただきました。

（『サステナビリティレポート　2017』）

ダイキン工業淀川製作所の盆踊り（2015年、提供：ダイキン工業株式会社）

なお、ダイキン工業主催の盆踊り大会は淀川製作所だけでなく、堺や滋賀、鹿島、草加といった各地の製作所・事業所でも開催。中国やアメリカなど世界の主要な生産拠点でも「ボン・ダンス」「ダイキン・フェスティヴァル」という名で開催されており、なかでもアメリカは二万人もの来場者数を誇るという。

一九七五年八月の『旬刊福利厚生』には、当時、関東のいくつかの工場で行われていた盆踊り大会の詳細が記されている。

こちらの記事によると、ブリヂストンタイヤの横浜工場で開催されている盆踊り大会は、一九七五年度で四年目を迎えた。約一〇〇発の花火が打ち上げられるほか、地域住民には模擬《もぎ》店で飲食を無料サービス。そのため前年度には地域住民も含めて二日間で延べ六〇〇

○人の来場者で賑わった。主催は工場の労働者によって構成される全寮自治会。会社と健保、労組生協が後援する。

昭和電工川崎工場では合同納涼祭が一九七三年から行われている。こちらは昭和電工川崎工場、昭和工事、労組の三者による共催という形をとっており、盆踊りに加えて各課対抗の歌合戦も行われる。

ダイキンやブリヂストンタイヤのようにみずから盆踊りを主催するわけではないものの、協賛や社員の参加、ブース出展という形で地元主催の盆踊りに関わる企業も多い。盆踊りの場で地元企業の社名が書かれた提灯《ちょうちん》を見かけることもあるだろう。盆踊りはそうやって地域と企業を結びつける場ともなってきたのだ。

5　団地の盆踊り

団地という「新しい街」

日本住宅公団（現在の都市再生機構）が一九六〇年に制作した『団地への招待』というシ

ヨートフィルムがある。東京都西東京市・東久留米《ひがしくるめ》市に広がるひばりが丘団地を舞台に撮影されたこの映画は、団地という「新しい街」での生活がいかに先進的なものか、約一七分にわたって伝える一種の啓蒙映画だ。主人公は結婚を控えた若いカップル。映画は妻のこんなナレーションから始まる。

あたしは今日、ひばりが丘団地に住むお兄さんを訪ねて、ここの見学をするんですの。来月結婚して待望の団地生活を始めるあたしとスミオさんは、事前に団地の勉強をしておこうってわけなんです。

まず案内図を見ましょう。役場にマーケットに遊園地、管理事務所、いろんな施設があるでしょ？　ほら、小学校もあるわ。団地はまったく独立した新しい街なのね。

（『団地への招待』）

兄夫婦の部屋を訪れたカップルは、テレビ、冷蔵庫、洗濯機、自動炊飯器、ステレオが揃ったモダンな生活ぶりに感嘆の声を上げる。集会所では子供たちの音楽サークルが開かれ、和室では若い奥様方が生け花の稽古中。部屋に戻ると、カップルと兄夫婦はカラフルなカクテルを飲みながらステレオから流れるクラシックに耳を傾ける――。

このフィルムの舞台となったひばりが丘団地が造成されたのは一九五九年。翌年には当時の皇太子・皇太子妃も視察に訪れた。団地という新しい街に住むことは最先端のライフスタイルであり、モダンな生活を送る住人たちは「団地族」と呼ばれた。『団地への招待』のナレーションからは、そうしたライフスタイルが憧れのものであったことが伝わってくる。

日本住宅公団の第一号となる大阪府堺市の金岡《かなおか》団地（現・サンヴァリエ金岡）が建設されたのが一九五六年。同年には関東における公団賃貸住宅の第一号である牟礼《むれ》団地が東京都三鷹市に作られ、一九六二年には東京二三区内で最初の大型団地となる赤羽台《あかばねだい》団地が北区に完成している。社会学者の小池高史によると、団地建設のピークは一九七一年前後である。都心の住宅不足を解消するべく、右肩上がりの日本経済と歩調を合わせるように「新しい街」が次々に切り拓かれていった。

団地の住人はどんな人たちか

高度経済成長期の団地族とは、どのような人々で構成されていたのだろうか。同じく社会学者の若林幹夫は『郊外の社会学』でこのように書いている。

『日本団地年鑑』の「団地居住者とその生活」と題された章では、一九五六年から六三年に日本住宅公団調査研究課が行った賃貸住宅入居契約者調査に基づく団地居住者の分析が収められている。それによると、団地の人口構成は若い夫婦と幼児が主体で共稼ぎが多く、ほとんどがホワイトカラー的な新中間層で、世帯主の七〇パーセント以上が高等教育――旧制専門学校または新制大学以上――を受けた「インテリ階級の集団」であり、「三種の神器」やピアノ、ステレオ等の耐久消費材の普及率も高い。

（若林幹夫『郊外の社会学』）

若林はそうした団地の住人たちを「伝統的なイエや地域から解放されたサラリーマンの核家族」と定義づけている。「地域から解放された」といっても、高度経済成長期までの団地族は故郷を心の拠り所とし、盆暮れや冠婚葬祭には必ず帰郷していたわけで、団地では地域から解放された生活を送りながらも、出身地という「地域」から解放されていたわけではなかった。若林はフランス文学者の西川祐子が『住まいと家族をめぐる物語』で提示した構造をもとにしながら、彼らのなかに「いなか／都会」をめぐる社会的な所属・意識の二重構造があったとも指摘している。

この章の冒頭でも触れたように、若林もまた「そうした『故郷』が本当に人びとの『根』となりうる場所でありつづけたかというと、事実としては必ずしもそうではなかっただろう」と論じている。若林によれば、戦後日本の歴史は農村の社会と風景を産業化に向けて変容させ、解体させるものでもあった。そして若林は「この意味では『いなか』や『故郷』もまた近代化と都市化が作り出した神話である」とする。

いわば「神話としての故郷」を胸のうちに抱えた団地族の地元意識について、小池高史はこのように分析している。

団地社会は一般的に地域社会のように時間をかけて形成されたものではなく、人為的に大規模に突然形成された。そこでの人間関係は家族の間に限られてしまい、その場所に長く住みつづけるという定着意識も薄い。そのため、地元意識が薄く伝統もつくられにくい。また、家族の構造も単純で、家族の人数も少ないため家族として地域社会の一員であるという意識が生まれにくい。

（小池高史『「団地族」のいま』）

先述したように若林幹夫は団地の住人たちを「伝統的なイエや地域から解放されたサラリーマンの核家族」と定義したわけだが、彼らは地域から解放されながらも盆踊りという地域の行事をみずから作り出した。そこからは団地の「文化的」生活と地域に根を張ったかつての生活、その両方を得ようというこの時期の団地族ならではの指向が伺える。また、「地域

常盤平（千葉県松戸市）の盆踊り（年代不明、提供：独立行政法人都市再生機構）

社会の一員であるという意識」を育むために盆踊りを必要としたともいえるだろう。

同じころの千里《せんり》ニュータウン（大阪府豊中《とよなか》市・吹田《すいた》市）を調査した瓜生《うりう》朋《とも》恵《え》、梶木《かじき》典子《のりこ》、上野《うえの》勝代《かつよ》による「居住者の記憶をもとにした1960年代における団地暮らしの記録――千里ニュータウンを事例として」では、団地の人間関係に関する住人たちの証言が紹介されている。

そこでは「団地には子育て世帯が多く、近隣住民とは子育ての過程で自然と仲良くなった」「階段室の居住者同士は、とても仲がよかった」という声がある一方、「入居当初は、コミュニティー作りなど考えていなかった。自治会も仕方がなく入った。役員が回ってきたら、妻に行かせた。ほとんどの家がそうだった」という声もある。

この証言にあるように、団地のコミュニティーとは仕事のため日々都心部へと出かけていく男性ではなく、子育てで繋がった女性たちを中心に形成されていた。高度経済成長期以降の「新しい街」——ここでは戦後作られた団地だけでなく、のちの新興住宅地や巨大なニュータウンも含む——では、母親と子供たちがコミュニティーの主役となっていく。そして、地域活動において子供会や婦人部が発言力を増していくなかで、子供たちを主人公とする盆踊りが企画されていくようになるのだ。

千葉県柏市光ヶ丘団地

ここで各地の団地で立ち上げられた盆踊りの実例を見てみよう。

一九五七年に完成した千葉県柏市光ヶ丘の光ヶ丘団地（現在のグリーンタウン光ヶ丘）の場合。この団地では一九五〇年代後半の段階で盆踊りが始められている。ただし、その始まりはかなり風変わりなものだった。『光が丘団地風土記』によると、光ヶ丘団地完成当初、団地の隅にはふたつの小山があり、子供たちの遊び場になっていたという。この一帯はもともと太田《おおた》道灌《どうかん》と千葉《ちば》孝胤《のりたね》が一戦を交えた古戦場でもあり、のちにふたつの小山は戦死者の首や胴体等を集めて葬った首塚と胴塚だったことが分かった。そのため、自治会が公団に働きかけるかたちで整備が進められ、一九五七年八月には死者を供養する塚まつりが初開催。この供養のまつりをきっかけとして、翌年から三日間の盆踊りが開催されることになったという。団地という歴史なき土地（とされている場所）に、こうした形で多層的な「歴史」が立ち上がることもあるのだ。

岐阜県瑞穂市本田団地

一九七〇年から入居が開始された岐阜県瑞穂《みずほ》市本田《ほんでん》の本田団地の場合。ここでは同年に町内会が組織され、生活上の諸問題（街灯の設置、道路整備の促進、防犯問題、バスの乗り入れ促進やバス停の設置、役場や公社との交渉）に関する取り組みが始まった。『本田団地10周年記念誌』では、一九七四年に町内会長に就任した人物がこのように書いている。

私は当初より団地内の自治は、強力なひとつの組織でなければならないという持論があったので、協議会（現在の町内会連合会）会長に就任当初より連合会組織に改組する構想を持って進めたのである。

そこで当面の基本方針としたのが、住民がお互いに知り合える機会をより多く作ることと、各種団体の結成とその育成に力を貸すことのふたつであった。この方針に従って実行した主なものは、次のとおりである。

1、体育クラブの結成と助成について（従来のバレーボール部、ソフトボール部、野球部、卓球部を統合したもの）
2、象さんクラブの結成と育成について（幼児と母親の交通安全教育を目的とする）
3、老人会の結成と敬老会の開催について
4、納涼盆踊りの開催

（『本田団地10周年記念誌』）

なかでも元・町内会長が「団地住民一同の親睦を計るにはこれ以上のものはないと考え、慎重な計画と大きな勇気をもって立案した」と胸を張るのが、四つめに挙げられている納涼盆踊りの開催だった。ただし、櫓もなければ電球や電線、提灯もない。それどころか踊りのノウハウを知っている住人もいなかったため、郡上おどりの地である八幡町《はちまんちょう》（現在の郡上市）から踊りの師匠を招き、指導にあたったと元・町内会長は書いている。

この団地で第一回の納涼盆踊り大会が開催されたのは一九七四年の夏。別の町内会長は「ゆかた姿の子供たちがそれなりに一生懸命踊っている姿は実にほほえましい光景であり、この子供たちが成人して団地を離れたとき、幼きときのふるさとの思い出として強く脳裏に残っていくのではないかと思います」と書いている。この発言において団地とはすでに永住することが諦められた場所であり、子供たちが成人したのちに団地を離れることが前提とされている。それでもなお、帰ってくることのできる場所／イメージとして団地という「ふるさと」が想定されているのだ。

また、村落社会の時代の記憶がまだ鮮明な世代にとっては、見ず知らずの人々の集合体である団地社会のなかで相互扶助の関係性を育むうえでの不安があったのだろう。本田団地の住民はこう書いている。

> 人のつながりには、昔から「血縁」「地縁」がある。親戚同士という血のつながりや、同じ町や村に住んでいることから、困ったときにはみんなで助け合うという結びつきができている。団地に住む我々には集会やレクリエーションを通じた横の人間関係がある。こうした人のつながりをお互いに大切にし、温かいものにしたいものである。
>
> 明るい住みよい団地をつくるには、まずお互いにひとりでも多くの人と接し、人間関係を深め一体となって、団地への愛情をもつことができたらどんなに素晴らしい郷土ができあがることだろうか。
>
> （『本田団地10周年記念誌』）

団地の生活においてかつての暮らしのベースにあった血縁は存在しないが、その代わりに

「集会やレクリエーションを通じた横の人間関係」を育み、「団地への愛情」を持とうではないか。この住人はおそらく証言当時それなりの高齢者だったと思われるが、一九七四年から始まった納涼盆踊り大会にもまた、こうした熱意が注ぎ込まれていたであろうことは想像に難くない。

福岡県北九州市土取団地

一九五七年に完成した福岡県北九州市戸畑《とばた》区の土取《つちとり》団地の場合。この団地では一九七一年に子供会から自治委員協議会に対して盆踊り開催の申し入れがあり、翌年には自治会と子供会の共催という形で盆踊り大会が初開催されている。自治会報では毎年盆踊りの収支が細かく報告されており、この団地において盆踊りが一年のなかでも最大のビッグイヴェントだったことが分かる。

ただし、一九七〇年代半ばになると子供会の人数は徐々に減少。一九八三年には盆踊りも中止に追い込まれる。一九八七年四月の自治会報によると、その段階での子供会の会員数は一五人。自治会報にも「これではスポーツ行事などの参加も困難となっています。会員減少の原因は、団地居住者の世帯主の平均年齢が高くなったことがありますが、それでも未加入の子供さんもいるとのことです。団地子供会の活動を強化するためにもひとりでも多くの未加入の子供さんの加入をお願いします」という訴えが掲載されている。その後、子供会も解散。平成に入ると敬寿を祝う会やカラオケ同好会など、高齢者向けのイヴェントが自治会報の中心となってくる。

自治会報をまとめた冊子『つちとり　45年の歩み』には住民たちがかつての暮らしを回想する回顧録が掲載されており、多くの住人が子供たちで賑わうかつての盆踊りの光景を懐かしんでいる。彼らにとってそうした盆踊りの光景とは、活気のあった時代の団地の記憶を象徴するものでもあるのだろう。

東京都東久留米市滝山団地

東京都東久留米《ひがしくるめ》市滝山の滝山団地の場合。ここでは団地内のあじさい公園で一九七五年から盆踊り大会が行われている。一九九〇年一月号の雑誌『望星』にはその歴史が記されている。ここの盆踊りを運営しているのは、「あじさい公園手づくり盆踊りの会」という地元の盆踊り愛好団体。音楽を担当しているのは邦楽の演奏家でもある人見《ひとみ》勇三《ゆうぞう》と広木《ひろき》房枝《ふさえ》夫妻で、流れるのはすべて生演奏である。ふたりは各地の民舞、民謡を取材し、それを自分たちの盆踊りに導入。記事のなかでは「太鼓をはじめとして笛、唄、三味線、チャッパ（鉦）などはすべて普通の子ども、若者、大人の手で奏でられている。盆踊りを楽しみにしている地域の老若男女のために、毎月一回の太鼓の練習に取り組んでいる」と説明されている。

一九七五年の第一回の模様を、あじさい公園手づくり盆踊りの会の代表である木戸芳清はこう書いている。

当日は、呼びかけてはみたものの何人ぐらい集まってくるのか全くわからず、不安のなかで夕方を迎えた。櫓はなく、暗くなると懐中電灯の明かりだけが頼りとなった。太鼓も借りてきたもので間に合わせたし、ハンドマイクひとつで唄を拾ったり、三味線の音を拾ったりという具合だった。それでも思いのほか人が集まり、なんとかよい盆踊りができてホッとした。

この夕べがとりもつ縁で隣近所の人々との交わりが少しできたわけだが、盆踊りを毎年続けるとなるとそれなりに大変で、メンバーの負担が重くなってくる。第四回目以降からは世話人体制を、五回目から会費制をとり入れるなどして、どうにか会らしい活動の体制ができあがってきた。

（木戸芳清「新興住宅地の盆踊り」）

なお、こちらの盆踊りは現在も継続中とのことで、相馬盆踊りのようなスタンダードだけでなく、白鳥踊りの場所踊りや神代《じんだい》、さらには水口囃子《みなくちばやし》や秩父屋台囃子《ちちぶやたいばやし》まで披露される。当初は地元住民のあいだで太鼓や笛の音が迷惑がられていたそうだが、継続するうちに理解が得られたようだ。自治会や商店街の主催ではない団地盆踊りが四〇年以上継続しているというのは、団地という特殊な空間における盆踊りの可能性を感じさせる。

なお、住宅団地が次々に建設されたことにより、都心の住宅不足は一定の解消を見たが、六〇年代後半になると周辺住民との軋轢《あつれき》などを招き、地域融和が重要な課題となった。ここで実例を取り上げた盆踊りは、そうした課題を解決するために考案されたという一面があったことも付け加えておく。

必要とされた「地域イヴェント」

盆踊りとは本来、祖霊・新仏供養の行事という一面も持っていた。だが、団地という「新しい街」で立ち上げられた盆踊りとは、そうした宗教儀式としての盆踊りからはほど遠い手作りの地域イヴェントに過ぎない。

若林幹夫はそうした団地の盆踊りや祭りについて、このように論じている。

それはかつてあった村や地域の祭りや、明治以降に地域のイヴェント化した運動会をモデルとして、そこにたしかに「地域」があることを演出し、上演するイヴェントなのだ。祭りの神楽で神々の物語が演じられるように、郊外住宅地を舞台に「地域」の神話が、住民とその子供たちによって上演されるのである。

（若林幹夫『郊外の社会学』）

若林が言うように、確かに団地の盆踊りとは、さも「地域」がそこに存在しているかのように演出する地域イヴェントに過ぎないのかもしれない。そこには古くから伝承されてきた盆踊りにおいて信仰的な軸となる神様も祖霊もいないだろう。

だが、高度経済成長期の新しいコミュニティーでは、確かに盆踊りが必要とされていたのだ。自分たちが地域社会の一員であるという意識を育むため、あるいは「神話としての故郷」を胸のうちに育むため。そして、そうした盆踊りのあり方は、高度経済成長期が終わっても一定の意義を持ち続けた。

第四章

団塊ジュニア世代と盆踊り——昭和五〇年代

1　多摩ニュータウンと盆踊り

「ディスカバー・ジャパン」の時代

一九七三年の第四次中東戦争をきっかけとする原油価格高騰により、世界経済は混乱に陥った。それまで順調な経済成長を続けてきた日本も不景気に突入し、高度経済成長期は終わりを迎えた。

国土交通白書によると、同じころ地方から大都市への人口移動の流れに変動が生じている。それまでの約二〇年間、就職や進学で多くの若者が都市をめざしたが、一九七一年には転入超過数が急速に縮小。一九七四年には一〇万人を下回り、一九七六年には三大都市圏への転入超過が初めてマイナスに転じた。地方から都会へという一方的な流れが変わり、Ｕターンなどの影響もあって地方に対して眼差しが向けられるようになったのだ。

七〇年代に入ったころからメディア上では環境や人間性を主題とする広告・ＣＭが目立ち始める。富士ゼロックスの「モーレツからビューティフルへ」、キリンビールの「生きているかぎり夫婦です。生きているかぎりキリンです」は、そうしたポスト高度経済成長期における広告の傾向を象徴するものだが、なかでももっとも知られているのは国鉄のキャンペーン「ディスカバー・ジャパン」だろう。一九七〇年一一月に発行された国鉄の時刻表に掲載された「ディスカバー・ジャパン」キャンペーンの広告には、こんな一文が掲載されている。

ディスカバー・ジャパン　日本を再発見しよう。60年代を馬車馬のようにモーレツに働いて、国民総生産を世界第2位に押し上げた日本、そして私たち日本人。しかしその間に、都会の空はよごれ、田園にまで及ぼうとしているのです。人も、動物も、虫も、魚も、本来のいきいきとした姿を失っています。それでもなお、私たちは成長と繁栄を謳おうとするのでしょうか。

本当の成長と繁栄は、人間が人間らしい豊かな環境と、豊かな精神に生活の充足感を持った時に生まれるものです。

モーレツからビューティフルへ

私たち日本人はもっともっと母なる日本を愛そうではありませんか。日本には美しい自然があります。美しい歴史、伝統、人々とのふれあいがあります。田舎の土臭い一本の道にも、やさしい一本の木にも、そして一人の老婆にも私たちは日本を発見すること

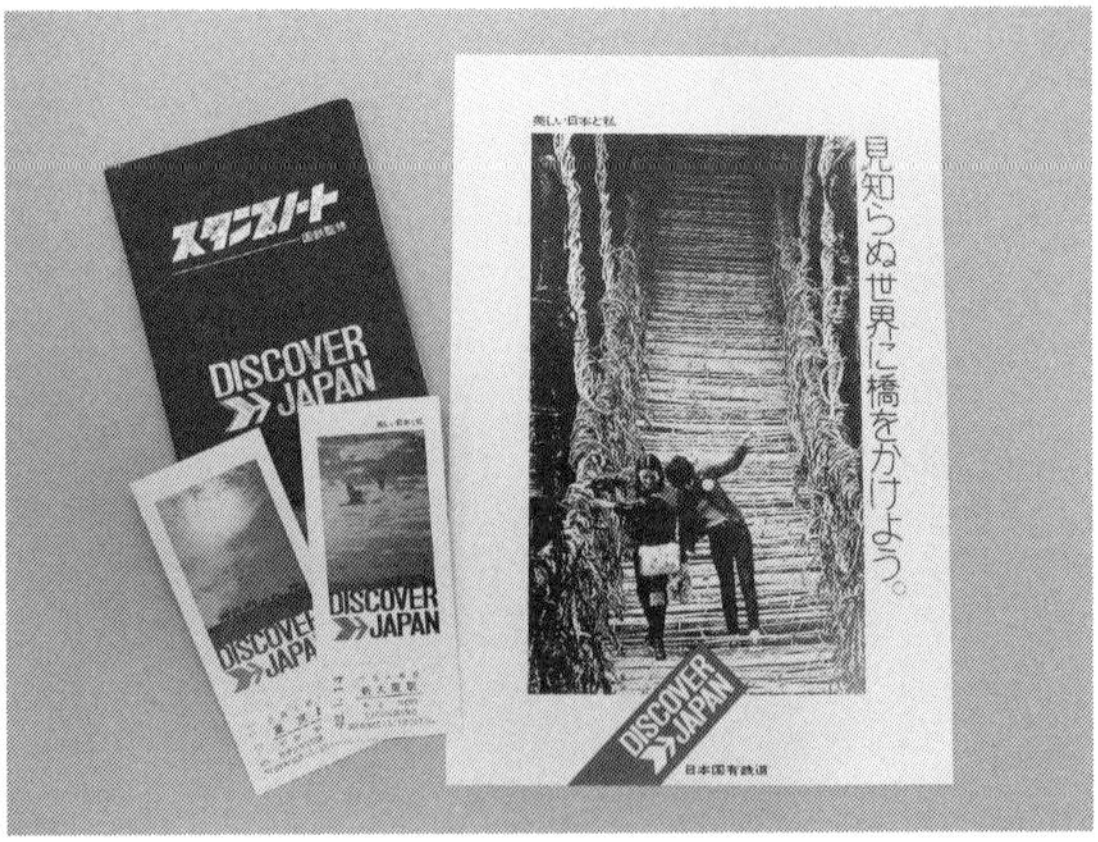

ディスカバー・ジャパンの切符など関連グッズ（提供：共同通信社）

ができます。そして日本の再発見は自分自身の再発見でもあるのです。

（『時刻表』一九七〇年一一月）

川端康成のノーベル文学賞受賞講演タイトルをもじった「美しい日本と私」というサブタイトルが付けられたこのキャンペーンについて、日本文学研究者の川勝麻里は「美しい日本のふるさとイメージを、生まれ故郷以外の場所に求め、消費されるふるさとイメージを創造した」としている。さらに川勝は「『ディスカバー・ジャパン』は、自分のアイデンティティを託すことが出来る第二のふるさとを、美しい日本の景観の中に見出せるとした。生まれた場所だけがふるさとなのではなく、日本のあらゆるところが第二のふるさとになり得る。そのような新しい感受性をキャンペーンは作り出し、そのようにして、新しい第二のふるさとが創出されていった」とも論じている。

キャンペーンとしての「ディスカバー・ジャパン」とは、旅先の景観のなかに日本の原風景を見るとともに、そこに高度経済成長期以降の日本のアイデンティティーを見出そうとするものだった。ここまでに取り上げてきた戦後新しく始まった盆踊りとは、非伝統的な成り立ちゆえに、そうした「ディスカバー・ジャパン」的な視点から発見されることはなかった。だが、「ディスカバー・ジャパン」が喚起した「生まれ故郷以外の場所に『ふるさと』を発見・創出する」という視点は、ここまでに見てきた盆踊りのなかにも見られるものであったと同時に、高度経済成長期以降に始まったさまざまな盆踊りのなかでも（主催側も無意識のうちに）用いられていく。

「ディスカバー・ジャパン」の時代にそうした「ふるさと作りのための盆踊り」が行われていた現場のひとつが各地のニュータウンだった。住民たちは大規模な計画都市のなかで「本当の成長と繁栄」と「人間らしい豊かな環境」を求め、ニュータウンという生活空間のなかに「ふるさと」を作り出すべく、見よう見まねで盆踊りを立ち上げたのだった。

多摩ニュータウンの盆踊り

団地が集合住宅が集まる居住地を指すのに対し、ニュータウンは学校や病院なども含む大規模な計画都市のことを指す。日本最初の大規模郊外開発である大阪府豊中市・吹田市の

「千里ニュータウン」で入居が開始されたのが一九六二年。続いて東京都町田市から八王子市に広がる一帯で多摩ニュータウンの建設が計画され、一九七一年にはその一角に位置する諏訪《すわ》・永山《ながやま》地区に最初の住民が入居した。

そんな多摩ニュータウンでは、各地区で「新しい伝統」としての盆踊りや夏祭りが行われてきた。規模は大小さまざま。商店街主催の夏祭りがあれば、自治会主催のこぢんまりとした盆踊りもある。戦前から続く盆踊りのような風格はないものの、さまざまな住人によって長年続けられてきた地域行事ならではの重みが感じられる。ここではその多摩ニュータウンにおける盆踊りの変遷と背景を探ってみたい（二〇一三年に多摩市立複合文化施設「パルテノン多摩」の歴史ミュージアムで開催された企画展「地域を彩る盆踊り」の展示内容と「パルテノン多摩」にご提供いただいた資料を参考にした）。

多摩ニュータウンの建設計画は多摩丘陵一帯に三〇万人規模の新しい街＝ニュータウンを作り上げるという壮大なもので、都心部の住宅難の解消と、多摩丘陵の乱開発防止を目的としていた。

第二次世界大戦以前、この一帯で盆踊りは行われていなかったようだが、戦後になって青年団が再編されると、一九四六年には青年団主催の盆踊りが始まる（地区によっては婦人会が主催していたケースもあったらしい）。そうした青年団主催の盆踊りは高度経済成長期に入

多摩ニュータウン初期入居のようす（1971年3月26日、UR都市機構寄贈・公益財団法人多摩市文化振興財団所蔵）

多摩ニュータウン初期の盆踊り大会（1971年8月7日、提供：朝日新聞社）

るころには青年団の弱体化とともに活気を失い、なかには途絶えてしまったものもあった。

多摩ニュータウンのなかで最初に入居が始まった諏訪・永山地区では、入居開始の翌年にあたる一九七二年から永山団地自治会など複数の組織による盆踊りがスタート。現在も永山団地夏まつりという名で継続している。

多摩ニュータウン最大規模の盆踊り大会が、多摩センターの目抜き通りにあたるパルテノン大通りを舞台とする落合夏祭盆踊り大会だ。もともと同地区では青年団および老人会主催の盆踊りが続けられていたが、老人会の人手不足などの理由から自治会と商店会が運営を担うこととなり、一九八一年に主催組織を新たにした盆踊り大会が初開催され、こちらも現在まで続けられている。サンリオピューロランドのお膝元ということもあって、盆踊りではキティちゃんも登場。五つの婦人会が盆踊りを先導し、多くの夜店も出店するという大規模なものだ。

旧住民と新住民の融和

一九七〇年代から八〇年代にかけての多摩ニュータウンでは、このように各地区で盆踊りが立ち上げられ、一部の地域ではそれ以前から行われていた青年団~老人会主催のものが再編された。こうした多摩ニュータウン各地区の盆踊りは住民同士の交流や地域振興を目的として掲げていたものの、背景には少々複雑な事情もあったようだ。

そのような事情としてまず挙げられるのが、盆踊りが旧住民と新住民の融和を目的のひとつとしていたことだ。多摩ニュータウンの計画が立ち上がった当初、農家の多くは農業の行き詰まりもあってその計画を歓迎していた。だが、用地買収が始まると、生活再建対策が不明瞭であることなどを理由として旧住民は反対の立場を取るようになり、一九六六年には既存集落と主要農耕地の用地買収からの除外を求める請願書が多摩町議会に提出された。そして、計画が進んでからも旧住民のあいだではそうした過去が「しこり」として残ったというのだ。

多摩ニュータウンの場合、盆踊りや夏祭りが旧住民と新住民のあいだの分断を埋める役割も担った。旧住民のなかにはニュータウン建設後にニュータウン内で商店を始めたものもいたが、盆踊りや夏祭りのなかにはそうした旧住民と新住民が共同で開催されているものもあるという。

確かな「記憶」と「風土」を刻み込むために

また、入居開始当初の多摩ニュータウンは住環境が十分ではなかったため、さまざまな住民運動が巻き起こった。一九七四年に永山駅・多摩センター駅が開業するまで、通勤ラッシュ時は諏訪・永山団地から最寄りの聖蹟桜ヶ丘《せいせきさくらがおか》駅までバスで四〇分以上かかることもあったうえに、外部の幹線道路へと至る道の大渋滞や駐車場不足などの問題が頻発した。一九七二年には南多摩尾根幹線道路の建設をめぐって住民たちによる署名活動や座り込みなどの反対運動も巻き起こった。不便な生活を改善しようという住民共通の思いを背景に、自治会や生協などを拠点とするコミュニティー活動が立ち上がり、歩みを揃えるようにさまざまな文化サークルが活性化していく。

そのうちのひとつが、多摩市立南永山小学校の「良い本を読む会」から発展するかたちで一九七二年に発足したなかよし文庫だ。当時の多摩ニュータウンには学校図書館および市立図書館がなかったことから、永山団地の主婦が中心となって本の貸出活動が行われ、団地の集会所を利用した読み聞かせの会や人形劇も行われた。

また、一九七一年には多摩ニュータウンに住む画家や彫刻家、工芸家、デザイナーが集まって多摩美術協会（現在の多摩美術家協会）が設立された。この協会は団地の壁面などに壁画を書き、公園に彫刻を並べるなどアートタウンづくりを提唱。多摩美術家協会は現在もパルテノン多摩で定期的に展覧会を開催するなど活動を継続している。

三浦展は『ファスト風土化する日本』のなかで、共通の風土も歴史も存在せず、無味の消費社会が形成された高度経済成長期以降の郊外について、「地域固有の歴史、伝統、価値観、生活様式を持ったコミュニティが崩壊し、代わって、ちょうどファストフードのように全国一律の均質な生活環境が拡大した」と定義したうえで、「記憶喪失のファスト風土」と命名した。

だが、多摩ニュータウンで立ち上げられたなかよし文庫や多摩美術協会の活動は、のっぺりとした郊外空間に抗うかのように、確かな「記憶」と「風土」を刻み込もうとするものでもあったはずだ。そして、ニュータウンへの入居開始からそれほど時間を置かずに始められた盆踊りもまた、そうした試みのひとつとして捉えられるのではないだろうか。

2　ニュータウンの新たな可能性

DE DE MOUSEが開いた可能性

多摩ニュータウンにおいて児童・生徒数がピークを迎えるのは一九八五年ごろのことだ。バブル崩壊で都心の地価が下落すると、都心回帰の気運が高まったことで子育て世代が減少。一九九四年前後からは小学校の統廃合が始まる。現在ではニュータウンの高齢化も進み、なかには途絶えてしまった盆踊りもあると聞く。
その一方で、ニュータウンという人工都市に新たな価値を見出そうという試みも始まっている。音楽プロデューサーのDE DE MOUSE（デデマウス）は、多摩ニュータウンや多摩市の聖蹟桜ヶ丘をモチーフとするアルバムを制作するとともに、パルテノン多摩の大階段を舞台にたびたびライヴを披露。さまざまな音楽的実験を繰り広げている。CINRAに掲載された劇作家・柴幸男《しばゆきお》との対談で、DE DE MOUSEは多摩ニュータウンに対する思いをこのように語っている（インタヴュアーは島貫泰介）。

僕は群馬で育ったんですが、農業地帯と工業地帯がはっきり分かれた場所で、まあ田舎です。子どもの頃からテレビの中の世界にすごく憧れがあって、群馬にいたくないっていう気持ちが強かった。だから記憶に焼き付いているのは、東京へ向かう途中に見えるベッドタウンだとか、家族旅行で行った東京ディズニーランドの風景なんですよね。多摩センターの少し人工的で生活臭のない町並を見たときに、自分がイメージしていた都会の町ってこれだ！　と思って。

（CINRA「多摩ニュータウンでファンタジーな実験 DE DE MOUSE×柴幸男」）

二〇一二年一〇月、DE DE MOUSE はパルテノン多摩開館二五周年記念事業の一環としてライヴを行った。開催にあたって寄せたコメントのなかで彼は「DE DE MOUSE というプロジェクトは多摩ニュータウンの為のBGMとして始めたもので、これからも変らないでしょう」とも書いている。

多摩1キロフェス2014「魅惑の星屑ダンスパーティ」
（公益財団法人多摩市文化振興財団所蔵）

DE DE MOUSE は「記憶喪失のファスト風土」とも称されるであろう多摩ニュータウンの街並みにある種のファンタジーを見出し、自身の電子音楽によってそれを表現している。パルテノン多摩で開催された二〇一四年度の「多摩1キロフェス」で DE DE MOUSE は、ダンスパフォーマーのホナガヨウコとともに「魅惑の星屑ダンスパーティ」と題した盆踊り調のライヴも行ったが、彼が描くファンタジーはときに盆踊りとも緩やかに結びつきながら、ニュータウンに新たな祝祭空間を生み出している。

ニュータウンという特殊な空間に新たな表現の可能性を見出し、地域との関わりのなかでそれを実現していくDE DE MOUSEのような方法論は、今後各地で実を結んでいくのではないだろうか。ニュータウンという場所には、まだまだ大きな可能性が眠っているのである。

千里ニュータウン

多摩ニュータウンが東日本におけるニュータウンの象徴のひとつだとすれば、西日本の象徴は、日本最初の大規模郊外開発が進められた千里ニュータウン（大阪府豊中市・吹田市）である。

終戦から数年もすると大阪府でも年間一五万人以上のペースで都市部への人口流入が進み、東京同様、都市部の住宅不足が深刻化。大阪府住宅協会や大阪住宅復興促進協議会が発足し、郊外での住宅建設が計画的に進められることになった。そうしたなかで一九五八年には大阪府の施策として千里ニュータウンの開発計画が決定する。

千里ニュータウンが切り開かれたのは雑木林で覆われた千里丘陵の一角だった。千里ニュータウンの開発が完了した一九七〇年には、この千里丘陵で大阪万博が大々的に開催されている。そのわずか一〇年前までは薄暗い雑木林の広がっていた千里丘陵の地は、千里ニュータウンの建設と大阪万博の開催によって、未来の生活を夢見る場所となったのだ。

千里ニュータウンの開発で興味深いのは、計画段階では神社や寺がその都市空間のなかに組み込まれることはなかったものの、住民たちの要望によって神社が建立されたという点だ。

千里ニュータウンの開発者のひとり、山地英雄はウェブサイト「ディスカバー千里」の記事で「やはり公共事業ですから、宗教的な施設には手を出さない、自ら神社を作るとかそういうことはできなかった」と開発当初のことを回想している。かつての村落社会では神社や寺などの宗教施設がコミュニティーの中心を担っていたが、大阪府の施策として開発計画が推し進められた千里ニュータウンの場合、開発にあたっても政教分離が求められ、墓地すら作られることはなかった。

続々と棟が出来ていく千里ニュータウン（1966年11月3日、提供：朝日新聞社）

だが、神社がないということは地元で初詣ができず、なおかつ例大祭もできないわけで、神社や寺と密接に関わっていたかつての生活の記憶が残る住民たちにとって、それはあまりにも寂しいことだった。そのため、住民たちはみずからの手によって神社を建立したのだ。一九六七年には千里西町マーケット（豊中市域新千里西町）の屋上に全国で始めての団地神社（千里神社）が建てられ、近隣の原田神社の祭神が祀られた。その団地神社の例大祭として夏祭りが行われ、小さな神輿《みこし》も出たという。

大阪府が発行する千里ニュータウンの情報紙の編集に携わっていた北田順三はこう話している。

> 千里のまちづくりの大きな礎石となったのが、全住民の人たちが自ら創り上げた「盆踊り」。これは大きな役割を果たしましたね。千里ニュータウンには歴史的な文化がなく、伝統的なお祭りもなかったのです。千里には地方から来られた方も多く、各住区は競うように夏の夜を楽しみ、親交を深めたようです。
>
> （ABC HOUSING「このまちのストーリー　千里ニュータウン」）

千里ニュータウンで立ち上げられた盆踊りや夏祭りは、いずれも手作りの素朴なものだった。だが、そこには「自分たち新住民のための神社がないのならば、自分たちで作ろう」という（今で言うところの）ＤＩＹ精神があった。千里ニュータウンの住民たちは神社や地蔵《じぞう》尊《そん》を建立するように盆踊りや夏祭りを立ち上げ、地域との結びつきをみずから構築してきたのだ。

コミュニティーの変遷に対応して複合イヴェントへ

近年、千里ニュータウンの一部の地区では大規模なリノベーション・プロジェクトが進められている。そのうちのひとつ、千里青山台団地では二〇一四年から無印良品によるリノベーションが行われている。

この団地でも一九七〇年代半ばをピークに入居者数が減少傾向にあったが、阪急千里線などを利用すれば都心まで三〇分程度という立地の良さもあって、近年人気が高まっている。

二〇一三年からは毎年恒例の夏祭りもリニューアルされた。無印良品のウェブサイトで公開されているコラム「千里青山台団地物語」によると、従来の盆踊りに加えて和太鼓チームやアニメ音楽のユニット、チアガールらのパフォーマンスが繰り広げられた。翌二〇一四年には「青山台サマーフェスティバル」という名に改名。屋台やパフォーマーの数を前年以上に増やす一方で、地元のご当地音頭「吹田音頭」で踊る盆踊り大会にも従来以上に力を入れた。外部との関わりを増やしながら、古くから盆踊りに関わってきた住民たちのモチベーションも維持する。自治会長が先頭に立って進められたそうした変革によって、この年の青山台サマーフェスティバルは七〇〇〇人を超える来場者で賑わったという。

盆踊りをメインコンテンツとする地域の祭りから、盆踊りやキッズ・ダンス、アニソンや和太鼓の演舞などさまざまな演目を組み合わせた複合的なイヴェントへ。団地世代およびニュータウン世代は比較的共通したライフスタイルと価値観のもとで生活していたが、リノベーションが進むことによって団地～ニュータウンに戻ってくる子供たちが増えているほか、住環境に惹かれてやってきた子育て世代も多く、千里ニュータウンの現在の住人は多様化している。青山台サマーフェスティバルが打ち出した路線変更とは、そうしたコミュニティーの変容に対応するためのものでもあった。

変わりゆく祭りの典型――千葉県印西市千葉ニュータウン

千葉ニュータウン中央北地区夏祭り（千葉県印西《いんざい》市）の現在の演目には、変わりゆくニュータウン祭りの典型を見ることができる。一九八五年に印西市立木刈《きかり》小学校の校庭から始まったこの夏祭りは、自治会と町内会が運営の中心を担い、ボーイスカウトや野球チーム、地元の中学生の卒業生一同などの露店が並ぶ。子供たちがコミュニティーの中心ということもあって、日中は子供たちによるストリート・ダンス、よさこい踊り～よさこいソーラン、ヒップホップダンスが舞台上で披露され、夕方からは盆踊りタイムがスタート。レパートリーには荻野目洋子《おぎのめようこ》「ダンシング・ヒーロー」など近年の盆踊りスタンダードも含まれる。

一九七九年から入居が始まった志木《しき》ニュータウン（埼玉県志木市）でも、子育て世代の入居が少しずつ増えているという。ここで毎年夏に開催されているのは、志木ニュータウン町内会連合会が主催する「森の祭り」。この夏祭りでは神輿や盆踊り、ビンゴ大会といった従来のコンテンツに加え、ゆるキャラのパフォーマンスなど子供向けのイヴェントも行われる。

志木ニュータウン（撮影：大石慶子）

この志木ニュータウンでは、公園の一角を使った「Yanasegawa Market」が二〇一〇年から開催されている。これは公園という公共空間を使い、地域住民らによるパンや野菜、ハンドメイドなどの出店が三〇店舗ほど並ぶマーケット。志木ニュータウンではそのほかにもニュータウン内で営業しているラーメン店を会場とするパーティー「柳瀬川ブロックパーティ」が行われるなど、近隣の中学生も巻き込んだ新しいコミュニティが形成されてきた。志木ニュータウンではそのようにコミュニティーの内と外を繋ぐイヴェントが定期的に行われており、そこで培われた関係性やアイデアが「森の祭り」にも持ち込まれているようだ。

3　盆踊りは何でもあり？

団塊ジュニアはアニソン音頭で踊る

一九七〇年代初頭から半ばまでの数年間、日本の出生数は年間二〇〇万人を超えた。その時期に生まれた子供たちは団塊ジュニアと呼ばれ、七〇年代中盤以降、そうした子供たちと彼らの親世代がコミュニティーの中心を担うようになる。

一九七六年に刊行された朝日新聞学芸部編『ニューファミリー』では、団塊世代にあたる親たちの指向についてこのように定義されている。

いま二、三分に一組の割で生まれている新婚夫婦。そのほとんどは戦後生まれだ。日本の高度経済成長とほぼ同じカーブを描いて成長。テレビのマンガや怪獣に興奮し、三人に一人は大学に入り、男女ずっと席を並べて、協力したり競争したり、そして結婚すれば核家族。

（朝日新聞学芸部編『ニューファミリー』）

電化製品の普及などの消費革命、テレビや劇画などの視覚文化、ビートルズやフォークなどのブーム、学園紛争などの体験の共有――。同書のなかではそうした時代を過ごしてきた団塊世代とその子供たちの多くは、地域社会との繋がりが希薄で、面倒なコミュニティー活動の代わりに自分たちの生活を重視する傾向があるとしている。

だが、一九七〇年代中盤以降になると、第二次ベビーブーム世代の子供たちを含むニューファミリーは、比較的しがらみの少ないコミュニティー活動に関わるようになっていく。自治会や町内会が主催する盆踊り、地域のスポーツクラブがそれにあたる。いずれも主人公は子供たちだ。

オバQ音頭（発売：コロムビア）

こうした地域社会の変容は、レコード産業にひとつの潮流を巻き起こす。それが七〇年代中盤以降顕著になったアニソン音頭のブームだ。アニソン音頭の元祖は二〇〇万枚もの記録的セールスを叩き出した一九六六年の「オバQ音頭」。その後も「グズラ音頭」「怪物くん音頭」「もーれつア太郎音頭」「ど根性ガエル音頭」などが世に出ているが、七〇年代中盤に入るとアニソン音頭のリリース量は急増する。
そこには団塊ジュニアという巨大マーケットをターゲットにしたレコード会社の思惑があった。拙著『ニッポン大音頭時代』では一九七〇年にビクターに入社し、数多くの新作音頭を制作してきた青木章雄に取材を試みている。青木は当時のことをこう回想している。

七〇年代中盤代以降、盆踊りがまた流行り始めていたんですよ。その前の一時期、盆踊りが各地で少し下火になりつつあったんですけど、第二次ベビーブームのお子さんたちが入ってくる七〇年代中盤から八〇年代中盤にかけて、だいぶ盛り返してきたんです。当時、『ドラえもん音頭』が流行ったんですよね。『ドラえもん』はビクターじゃなかったから出せなかったんですけど、その影響もあって各地で開催される盆踊りの数もかなり増えました。

（大石始『ニッポン大音頭時代』※一部加筆修正）

『ドラえもん』が初めてテレビアニメ化されたのは一九七三年。一九七九年にはテレビ朝日系で再度アニメ化され、子供たちのあいだでも「ドラえもん音頭」が人気を集めるようになった。一九八一年の「アラレちゃん音頭」、一九八二年にフジテレビでアニメ化された『パタリロ！』のエンディング・テーマ「クックロビン音頭」、一九八八年の「おそ松くん音頭」など、この時期にリリースされたアニソン音頭のタイトル数はかなりのものに上る。

ちなみに、僕が小学校に入学したのは一九八一年のことである。前書きで触れた地元の集会所でやっていた盆踊りに足を運んでいたのは一九八二、三年のことと思われるが、確かにそこでかかっていたのは「ドラえもん音頭」であり「アラレちゃん音頭」だった。僕が小学生だったその時期は、アニソン音頭がかかる手作り盆踊りの全盛期でもあったのだ。

アニソン音頭に限らず、新作音頭の多くはビクターやコロムビア、キングといったレコード会社の主導で制作された。そして、そうした音頭はビクター民踊・舞踊連盟（現在の日本民踊・新舞踊協会）などレコード会社関連の団体が各地で開催する講習会で広められ、そののちに地域の盆踊りへと持ち込まれていった。ときには開催地域の自治体がバックアップすることもあったようで、レコード会社〜民踊団体〜自治体・自治会からなる態勢のもと、アニソン音頭は浸透していったのだ。

新スタンダードは地域で突然現れる

そのようなレコード会社発信ではなく、地域住民の発案で歌謡曲やアニソンが突如盆踊りに持ち込まれるケースもあった。

たとえば、愛知県豊田市の下山《しもやま》地区（旧下山村）では、研ナオコが一九七二年に発表した

「京都の女の子」が盆踊りスタンダードとなっている。朝日新聞の記事「盆踊り定番は研ナオコさん『京都の女の子』なぜか伝統」によると、「京都の女の子」が同地の盆踊りに持ち込まれたのは一九七五年ごろ。この盆踊りではそれまでにさまざまな楽曲が踊られてきたそうだが、四〇年以上にわたって踊り続けられている歌謡曲はこの曲だけだという。ただし、誰がこの曲を同地の盆踊りに持ち込んだのか、現地でも不明だという。朝日新聞の記事では「京都の女の子」の振り付けについて「フォーク・ダンスのようにステップを踏みながら、『ハイハイハイハイ!』と合いの手を入れていく」と書かれているが、この記述を読むかぎりはフォーク・ダンス~レクリエーション・ダンス~盆踊りの境界線が曖昧になっていく一九七〇年代半ば以降のセンスも感じさせる。

　田中星児《たなかせいじ》のヒット曲「ビューティフル・サンデー」(一九七六年)は、兵庫県伊丹《いたみ》市の盆踊りで長年踊られている。盆踊りに歌謡曲が持ち込まれる場合、そのプロセスや発案者が判明することは少ないが、朝日新聞「伊丹の盆踊り　ビューティフル・サンデー」によると、「ビューティフル・サンデー」盆踊りの発案者は七〇年代半ば、近畿中央病院(伊丹市)に勤務していた研修医の男性だという。彼は病院職員の忘年会の余興で「ビューティフル・サンデー」を振り付けると、その後アメリカへと留学。一九八五年に帰国してみると、伊丹市の小学校で自分が振り付けた「ビューティフル・サンデー」が踊られていて驚いたという。

多くの人が詰めかけるみ霊祭り納涼盆踊り大会（2016年、撮影：大石慶子）

同記事では七〇年代半ば、阪神尼《あまが》崎《さき》駅前の盆踊りで「ビューティフル・サンデー」が踊られており、それが伊丹へと伝えられたという説も説かれている。いずれにせよ、レコード会社や民踊団体から発信されたのではなく、庶民の側から発生したものが自然な形で受け継がれているわけだ。近年では各メディアで「ビューティフル・サンデー」盆踊りが取り上げられていることもあって、その習慣は各地の盆踊りへも伝播している。ちなみに、陸上自衛隊・伊丹駐屯地の関係者を通じて各地へ広がったという説もあるが、こちらの確証はない。

アニメ『一休さん』のテーマソングで毎年大きな盛り上がりを見せているのが、曹洞宗大本山の總持《そうじ》寺《じ》で開催されている、み霊祭り納涼盆踊り大会（神奈川県横浜市鶴見区）だ。この盆踊りが始まったのは一九四七年。現在まで總持寺の修行僧で構成される三松会《さんしょうかい》が主催を担っている。總持寺は修行道場としての性格が強く、数年の学びを終えると地元の寺へ戻ることがほとんどだというが、み霊祭り納涼盆踊り大会はそのわずかな修行期間のなかで最大のイヴェントとなっている。櫓の上には修行僧たちが上がり、まるでライヴのように来場者を盛り上げる。近年はその盛り上がりがSNSを通じて広まったこともあり、来場者が増加。十代を中心に大変な盛り上がりを見せている。この「一休さん」盆踊りも発案者は不明だが、おそらく八〇年代初頭から中盤にかけて、当時總持寺で学んでいた修行僧によって始められたと思われる。

「何でもあり」の功罪

「盆踊りは何でもあり」という風潮が広がったのは一九七〇年代半ば以降のことだ。無数のアニソン音頭がリリースされ、民踊団体や民謡保存会の力を借りずとも盆踊りを始められるようになったこと。子供がコミュニティーの主役となったぶん、音響やダンスのクォリティーが重要視されなくなり、開催にあたってのハードルがさらに下がったこと。七〇年代半ばから八〇年代にかけて、自治会・町内会主催の盆踊りが盛り上がった背景には、この二点を含めさまざまな要因があった。

ただし、新舞踊の振付師が振り付けを担当し、中山晋平ら一流のソングライターが作詞作曲を手掛けていた「東京音頭」の時代に比べると、粗雑な音頭が量産されるようになったのもこの時代の特徴といえる。そう考えれば、七〇年代から八〇年代にかけて新作音頭のリリース数ではピークに達したが、その後の衰退はこの時代から始まっていたともいえるだろう。

だが、東日本大震災以降に起きた盆踊りリヴァイヴァルの中心を担っていたのは、アニソン音頭全盛期に盆踊りを体験した第二次ベビーブーム世代であった。僕がそうであったように、粗悪なホーン・スピーカーから流れる「アラレちゃん音頭」や「ドラえもん音頭」は、彼らにとって盆踊りの原風景となっていたのだ。

4 「バハマ・ママ」音頭の謎

「バハマ・ママ」音頭

一九八〇年代、その後数十年にわたって伝えられていくことになる新たな風習が関東の一角で生まれた。のちに千葉や東京および神奈川の一部で伝統化し、ネット時代になって全国へとその存在が知られるようになった「バハマ・ママ」で盆踊りを踊る風習である。

「バハマ・ママ」はドイツのディスコ・グループ、ボニーMが一九七九年にリリースした典型的なディスコ・スタイルの楽曲。日本でも同年一二月にシングル盤が発売され、各地のディスコで人気を集めた。和風でもなければ音頭調でもない楽曲が突如盆踊りに持ち込まれたわけだから、考えてみると不思議な話である。また、「バハマ・ママ」の盆踊りヴァージョンには数種類の振り付けが存在するが、振り付けには「炭坑節」の動きも引用されている。盆踊りに持ち込まれたプロセスを含め、多くの謎を秘めた風習ともいえるだろう。

ネット上には真偽の定かではない説が、まるで一種の都市伝説のように語られている。八〇年代半ばに千葉県の柏や松戸あたりで発祥したのではないか。米軍基地の盆踊り大会では昔から「炭坑節」の振り付けで踊られていたようだ。永山団地の盆踊りでは「アメリカン炭坑節」とも呼ばれているらしい——。

はっきりしているのは、「バハマ・ママ」の振り付けが特定の民踊団体が考案したものではないということ。そして、アニソン音頭のようにレコード会社発信の風習ではないということだ。ここではそんな「バハマ・ママ」の謎に迫ってみたい。

「バハマ・ママ」とレクリエーション・ダンス

「バハマ・ママ」盆踊りの謎を解く鍵となるのが、フォーク・ダンスの現代版でもあるレクリエーション・ダンスだ。幼稚園や小学校の運動会、キャンプファイアー、お遊戯会などで、ドイツのディスコ・グループ、ジンギスカンの「ジンギスカン」がよく踊られるが、あれなどはまさにレクリエーション・ダンスの一種である。このレクリエーション・ダンスは一九七〇年代半ばになって学校教育の場に導入されたほか、現在でも多くの愛好団体が活動している。

「BTRD」講習会の模様（1986年、提供：浦江千幸）

レクリエーション・ダンスの全国大会が初めて開催されたのは一九七六年。同年にはフォーク・ダンスの普及を目的とする公益社団法人日本フォークダンス連盟のなかにレクダンス委員会が設置された。

ひょっとしたらこのレクリエーション・ダンス経由で「バハマ・ママ」は盆踊りに持ち込まれたのではないだろうか？——僕はそんな説を数年前から立てていたのだが、その説を検証すべく、とある方に話を伺った。一九七七年に東京都港区でレクダンス総合サークル「ＢＴＲＤ」を立ち上げ、現在までレクリエーション・ダンスの指導者として活動を続けてきた浦江《うらえ》千《ち》幸《ゆき》さんだ。

まず、フォーク・ダンスとレクリエーション・ダンスの違いをはっきりさせておこう。フォーク・ダンスは世界各地の民族舞踊をモチーフとしているが、レクリエーション・ダンスは当時のヒット曲や歌謡曲で踊る。浦江さんもこう話す。

「レクリエーション・ダンスは最初、『新曲のフォーク・ダンス』という感覚で捉えられていたんですよ。ヒット曲に振りをつけて踊っていたし、最初はポピュラー・ダンスとも呼ばれていたんです。西郷輝彦などの当時のヒット曲をダンス用に演奏のみでアレンジしたもので踊ったこともありましたし、河合奈保子や岩崎宏美、チェリッシュ、キャンディーズ、ピンクレディーでも踊りましたね」（浦江さん）

レクリエーション・ダンスが現在のダンス・サークルと大きく違うのは、青少年の健全育成という目的を持っていたことだ。第二章で取り上げたように、フォーク・ダンスおよびレクリエーション・ダンスとは、健全な娯楽と情操教育のためアメリカで始められたレクリエーション運動を原点としている。戦後になると日本でもGHQがレクリエーション運動を推奨し、一九四七年には日本レクリエーション協議会（現在の日本レクリエーション協会）が発足した。

こうした背景があったため、地域の公民館を拠点とする青年学級や青年団が七〇年代以降のレクリエーション・ダンスの盛り上がりを支えた。浦江さんもまた、港区の青年学級でレクリエーション・ダンスと出会ったという。

「青年学級から火が点いたので、レクリエーション・ダンスを最初にやっていたのは一〇代から二〇代が中心だったんですよ。レクダンス・サークルを始めたのも若い世代が多かったんですね。でも、八〇年代に入ると青年学級に通っていた若者が仕事で忙しくなってきて、そのかわり主婦が入ってきた。サークルの顔ぶれがガラッと変わったんですよ」（浦江さん）

「バハマ・ママ」が世界各地のディスコでヒットしたのは一九七九年から一九八〇年にかけてのことだったが、それはちょうど各地域の主婦がサークルの中心となった時期と重なる。浦江さんはディスコでヒットした時期からさほどタイムラグなく「バハマ・ママ」がレクリエーション・ダンスでも踊られ始めたことを記憶している。

盆踊りへの伝播

そんな浦江さんに「バハマ・ママ」の盆踊り動画を何ヴァージョンか観ていただいた。特徴的な「炭坑節」の振り付けはレクリエーション・ダンスにはないものの、「手拍子のところはないけれど、右に行ったり左に行ったりする動きは一緒。半分ぐらい同じ」だという。レクリエーション・ダンスにおける「バハマ・ママ」の解説書（振り付けの説明書）を浦江さんに見せていただいたところ、確かに大まかな動きは同じ。この振り付けが盆踊りヴァージョンの元になっていることは間違いないだろう。

なお、解説書には「構成・日本フォークダンス連盟」という文言が記されているが、これは同連盟の指導者が考案したということを意味している。解説書に書かれた「バハマ・ママ」の踊り方を転載しておこう。

［踊り方］

Ⅰ．右横、左横へ――16呼間
右足から右横へ3歩進み、左に方向を変え、右肩前で拍手をしながら左足を右足に引き寄せ（1～4）、左足からも左横へ同様動作を行う（5～8）。以上の動作をもう一度行う（9～16）。

Ⅱ．斜め前へツーステップ前進――4呼間
右足から右斜め前へツーステップで前進（1～2）、左足からも左ななめ前へ同様動作を行う（3〜4）。

Ⅲ．腰を右、左へ――4呼間

右足を右横にステップし、腰を右横に突き出す（1）。左足に体重を移し、腰を左横に突き出す（2）。以上の動作を右、左、右と早く行う（3〜4）。

Ⅳ．ツーステップで後退――4呼間

左足から左斜め後ろへツーステップで後退（1〜2）。左足からも右斜め後ろへ同様動作を行う（3〜4）。

Ⅴ．腰を左、右へ――4呼間

左足からも左横へⅢの同様動作を行う（1〜4）。

以上をくりかえす。

「バハマ・ママ」が仮にレクリエーション・ダンス経由で盆踊りに持ち込まれたとするならば、それは一体どのようなルートだったのだろうか？

まず考えなくてはいけないのは、レクリエーション・ダンスとディスコの関係だ。浦江さんによると、当時、ネタを仕入れるために足繁くディスコに通っていたレクリエーション・ダンスの指導者もいたほか、一九八〇年ごろに最盛期を迎えた竹の子族と交流がある指導者もいたという。ＹＭＯの「ライディーン」はもともと竹の子族の定番曲だったが、そうした指導者経由でレクリエーション・ダンスに持ち込まれた。また、浦江さんのサークルではディスコのレコードに描かれたステップをそのままレクリエーション・ダンスで踊ったこともあるらしい。つまり、レクリエーション・ダンスはディスコや竹の子族と比較的近い関係にあったのだ。

また、ディスコや竹の子族の場合、特定のディスコや歩行者天国がたまり場となっていたわけだが、レクダンス・サークルは青年学級から派生したこともあって、各地域で愛好され、地域コミュニティーと密接な関係を持っていた。そこは重要なポイントでもあるだろう。

先述したように、八〇年代以降、レクリエーション・ダンスの中心を担ったのは各地域の主婦だった。彼女たちのなかには自治会や町内会、子供会を通じて地域の盆踊りに携わっていた者もいたはずだ。浦江さんは盆踊りヴァージョンの「バハマ・ママ」の振り付けがレクリエーション・ダンスの振り付けを簡素化したものと指摘し、「おそらくレクダンスの指導者ではなく、講習会で習った一般の方が盆踊りで始めたんじゃないかな。うろ覚えの振り付けを自分たち流にアレンジした気がする」とも推測している。

そのようないくつかの説と情報を整理すると、こんな仮説を立てることができるだろう。レクリエーション・ダンスの指導者が当時ディスコで流行していた「バハマ・ママ」の存在を知り、振り付けを考案、その振り付けをレクダンスの指導者たちが一九八〇年ないしは一九八一年の講習会で各地域の人々にレクチャーした。講習会でそれを覚えた主婦が地域の盆踊りに導入し、その際、ちょっとした遊び心で「炭坑節」の振りを取り入れた――。

おそらくすべては軽い思いつきだったはずだ。だが、思いつきから生まれた「バハマ・ママ」盆踊りはやがて各地域へと伝わり、三〇年後には紛れもない「伝統」になった。これはまさに文化の創造であり、現代的な盆踊りの可能性がここにある。

なお、浦江さんはもうひとつのルートの可能性も指摘している。それは子供会を中心に地域活動を行う、小学校高学年から中高生までの世代であるジュニア・リーダー経由で盆踊りへと入っていったという説だ。ジュニア・リーダーでは地域のボランティア活動のほか、キャンプなどを通じて青少年の健全育成・社会教育を図ることを目的としているが、このキャンプでは古くからレクリエーション・ダンスが踊られている。「ジンギスカン」もそうしたキャンプで定番化し、運動会など学校教育の場にも持ち込まれるようになった。「バハマ・ママ」もまた、ジュニア・リーダーのイヴェントで踊られ、それが子供会を中心とする地域の盆踊りへ入っていったという可能性はあるだろう。

自由になった盆踊り

いずれにせよ、「踊りの素人がヒット曲に振りを付け、自由に踊る」という発想は、伝統的な民舞の世界からは出てこないものでもある。ディスコだろうと歌謡曲だろうとロックだろうと、楽しければ何でも踊ってしまう現代盆踊りの精神とは、レクリエーション・ダンスからもたらされたものといってもいいはずだ。浦江さんもまた「レクリエーション・ダンスって『踊りを作る運動』なんです。みんなで踊りを作って楽しもう、そういうダンスなんですね。七〇年代から八〇年代にかけては特にいろんな振りつけが作られてたんです」と話し、「僕も今までに二〇〇〇ほど作ってますから（笑）」と笑う。

七〇年代後半以降、レクリエーション・ダンス～ディスコ～盆踊り～竹の子族は背景や文脈から切り離され、「ひとつの型で、みんなで踊る」という一点のみで結びつけられた。なかでも踊りを創作する文化であるレクリエーション・ダンスと地域のなかで結びついたことにより、盆踊りは伝統から切り離され、さらに自由になっていく。そうした意味では、のちに一世を風靡《ふうび》する荻野目洋子「ダンシング・ヒーロー」とともに、「バハマ・ママ」は戦後の盆踊り史における革命でもあったのだ。

第五章

バブル最盛期の盆踊りと衰退——昭和六〇年代〜平成初期

1　コミュニティーの破壊と再生

変容する盆踊り

盆踊りとは基本的に日が落ちた夕方から夜にかけて行われるものだ。かつての盆踊りは朝方まで踊られることも珍しくなかったが、戦後、多くの盆踊りが健全化を進めるなかで、そうした徹夜踊りは次々に姿を消していった。現在では岐阜県郡上市の郡上おどりや白鳥おどり、長野県下伊那郡阿南《あなん》町新野《にいの》地区の新野の盆踊りなどごくわずかな地域で徹夜踊りを行っているぐらいで、大抵は夜九時ごろまでには終わる。住宅街では近隣住民からのクレームを恐れ、夕方で終わってしまうケースも多い。

大阪各地で行われている河内音頭もまた、かつては朝方まで踊られていたという。代々その地に住む旧住民で構成されているコミュニティーであれば、たとえ踊り子たちが朝までハメを外していても「あいつらがやっていることなら仕方ない」と目を瞑《つむ》られただろうが、新しい住宅やマンションが増えて混住化が進むと、新住民から苦情が出てくるようになった。

大阪の河内音頭もその結果、朝まで踊れなくなったと聞くが、そうした例は全国的に見られるものだろう。コミュニティーの形が変容すれば、盆踊りの形も変わっていくのだ。

コミュニティーの変容と破壊――西神田ファミリー夏祭り・盆踊り

都市部のコミュニティーは高度経済成長期以降、めまぐるしくその形を変えてきたが、特に大きく変わったのが一九八〇年代半ばから後半にかけてである。バブルの到来により町の風景は激変し、細々と続けられてきた地域活動の多くが影響を受けた。社会学者の浦野《うらの》正樹《まさき》によると、東京都心五区（千代田、中央、港、新宿、渋谷）において、地価上昇が始まる直前の一九八二年と七年後の一九八九年の地価を比較すると、全用途平均で一〇倍にもおよぶ上昇を示しているという。異常な上昇ぶりだ。

そんなバブル期における盆踊り事情を探るべく、八〇年代の東京でもっとも地価が上昇し、街の風景が激変した地域のひとつである千代田区西神田の西神田ファミリー夏祭り・盆踊りを取り上げてみたい。この盆踊りは八〇年代初頭に一度途絶えたものの、二〇一一年におよそ三〇年ぶりの復活を遂げた。

話を伺ったのは、主催団体である西神田町会の町会長、中村栄太郎《なかむらえいたろう》さんと、同じく西神田町会の高岡宏光《たかおかひろみつ》さん。中村さんは千代田区錦町に生まれ、一九七〇年に西神田に移り住んだ。

高岡さんは戦前から西神田に住む古い家系の生まれで、本箱の製造を生業としている。

現在、西神田一丁目～二丁目となっている一帯には、もともとは武家屋敷が立ち並んでいたという。慶長年間（一五九六～一六一五年）には猿楽師である観世大夫《かんぜだゆう》一座の屋敷が建ち、そのため猿楽町という地名が付けられた。人口のピークを迎えたのは戦後間もなく。四〇年代後半から五〇年代のことだ。

「ここの地場産業は出版業と印刷業、製本業で、そのころは住み込みの職人さんがたくさんいたんです。彼らを相手に商売する飲食店も多かったし、映画館もたくさんあった。若い人も多くて、エネルギーに溢れた街だったんです」（中村さん）

西神田町会の会員数は現在一六〇人ほどだが、中村さんは「一番多かった時期はおそらく二〇〇〇人近くいたと思う」と話す。そのころは西神田の氏神《うじがみ》である三﨑稲荷神社の例大祭が現在以上に盛大に行われていたほか、現在西神田ファミリー夏祭り・盆踊りの舞台となっている西神田公園ではいくつかの町会が合同で盆踊りを開催していたという。

千代田区の行政基礎資料集によると、一九五四年における千代田区の人口は約一二万一〇〇〇人。一九六一年まではほぼ同数で推移していたが、一九六二年に入ると一一万七〇〇〇人ほどに減り、以降はみるみる減少していく。

「高度経済成長期になると、どんどん労賃が上がっていきますよね。五〇年代は住み込みで働いていた若い労働者が、労賃のいい他の仕事をやるようになった。六〇年代になると、印刷工場は人不足になって、地価の安い郊外へ移っていったんです。そうやって徐々に人口が減っていったんですね」（中村さん）

一九六〇年代後半になると、大きな盛り上がりを見せていた三﨑稲荷神社例大祭の神輿渡御も途絶えてしまう。神輿の担ぎ手が減っていたこともあるが、それ以上に大きかったのは、新しく西神田にやってきた企業やオフィスから「公道を交通規制するなんて迷惑だ」という声が上がったことだった。コミュニティーの活力が失われ、地域活動に対する理解が失われてしまえば、祭りを維持していくのは難しい。中村さんが西神田に移り住んだ当時はまだ西神田公園で盆踊りをやっていたというが、それも八〇年代に入ったころに途絶えてしまう。

高岡さんは「決定的だったのはバブルの時代だと思います。あの時期、町の風景がまるっきり変わってしまった」と話す。

「それ以前から徐々に工場で働く労働者がいなくなっていたわけですけど、バブルの時期には工場自体がなくなってしまった。昔から住んでた人もいなくなったし、再開発でビルがどんどん増えていったんです」（中村さん）

バブル期、西神田の地上げは熾烈《しれつ》を極めた。大手町および丸の内の巨大なオフィス街は年々拡張を続け、ＪＲ御茶ノ水駅周辺エリアを飲み込むと、やがて西神田を含む神田地区一帯をオフィス街に一変させた。一九五四年には一二万人いた千代田区の人口は、バブル最盛期にあたる一九八九年には五万人を割り込み、一九九九年にはついに四万人を下回った。最盛期の約三分の一である。

コミュニティーの再生と盆踊りの再開

それが二〇〇四年からは若干の増加傾向が見られるようになり、二〇一八年には六万人を超える。千代田区は定住人口の回復のためにさまざまな試みを進めており、一九九九年には西神田公園の目の前に地上二五階建ての西神田コスモス館を建設。七階から二五階までは区民住宅・区営住宅とした。こうした試みが功を奏して、千代田区のコミュニティーは少しずつ再生していく。

西神田ファミリー夏祭り・盆踊りが再開されたのは、西神田町会の会員数が少しずつ増えてきた二〇一一年のことだった。

「区営住宅に入った住民の半分ぐらいが町内会に入ってくれたんですよ。新しい住人と昔からの住人が顔見知りになるためには何をしたらいいか話し合うなかで、『みんなでワイワイできる催しものをやるのがいいんじゃないか』というアイデアが出てきた。あと、大きかったのはやっぱり東日本大震災。自粛ムードもあってみんな縮こまっていたし、発散するようなことをやりたいねということで、盆踊りをやることになったんです。

それと、終戦記念日になると毎年このあたりでデモが行われて、それがものすごくうるさいんですよ。そのデモが最後解散する場所が西神田公園なんですね。あそこをデモに使わせないためにはどうすればいいんだろうと考えた結果、盆踊りをやればいいんじゃないかということになった。同じようにうるさかったとしても、みんなに喜ばれるほうがいいじゃないですか」（中村さん）

西神田の「住人」のレイヤーは複雑だ。新住民と旧住民が混住しているだけでなく、日中にはオフィスや学校にさまざまな地域の人々がやってくる。中村さんによると、西神田町会

西神田ファミリー夏祭り「盆踊り」ポスター（2016年）

の半分は地域で働く人々で構成されているという。また、区営住宅には子供のいる若い家族も多く、そのため世代の幅も非常に広い。

　そのような多種多様な「住人」を繋ぎ合わせるうえで、盆踊りは大きな効果を発揮した。その意味では、西神田の盆踊りはコミュニティーを再生するものであると同時に、再編するためのものでもあったのだ。

　運営の中心となるのは西神田町会の若手たち。ただし、八月の盆踊り当日の前には浴衣の着付けや仕立ての講習会が行われ、バブル以前からの西神田を知るお年寄りや町会の婦人部が大活躍している。盆踊り当日は周辺大学の学生や千代田区社会福祉協議会もサポートするなど、運営メンバーの顔ぶれも多種多様だ。

「やってみて感じたのは、来場者のみなさんに楽しんでもらえたようで良かったということ。あと、われわれ主催者も楽しんでしまった。盆踊りをやろうとすると、うちみたいな小さな規模でもやることが多くて大変なんです。でも、それぞれに役割があるので、それがやりがいになる。やってる側が楽しむのが一番ですよね。楽しければ次に繋がるし、楽しんでいるということは来場者にも伝わりますから」（中村さん）

「盆踊りそのものはこぢんまりとしたものなんですよ。櫓も手作りのものを借りてきてるし、最初は踊りの先生もいなくて、われわれがYouTubeで見て勉強して、率先して踊っていました。今は踊りの先生も協力してくださるようになりました。素人の盆踊りなのにすごく入れ込んでくださっているんです」（高岡さん）

変遷が刻まれた「ニシカンダー音頭」

二〇一三年には西神田町会のオリジナル音頭である「ニシカンダー音頭」が制作され、盆踊り当日にも披露された。「飲み会で『西神田町会の音頭があったらいいよね』というアイデアが出てきた」（高岡さん）ところから発案されたというこの音頭の原曲は、西神田小学校創立八〇周年を記念して作られた「西神田音頭」だ。

西神田小学校は児童数の減少から一九九三年に廃校となり、錦華《きんか》小学校および小川小学校と統合されてお茶の水小学校となった。西神田小学校の跡地に区営住宅の入る西神田コスモス館が建てられ、そして西神田ファミリー夏祭り・盆踊りは、まさにその前の西神田公園で行われている。「ニシカンダー音頭」にはそのように変わりゆく西神田の姿が刻み込まれているのだ。

ユニークなのは、町会で考案したという「ニシカンダー音頭」の振り付けだ。ジャマイカの陸上選手であるウサイン・ボルトが北京オリンピックの際に見せたポーズや、NHKの連続テレビ小説『あまちゃん』の劇中歌である「潮騒のメモリー」のダンスなど、当時流行していたさまざまな動きが引用されている。地域の物語を受け継ぎながら、多種多様な人々が集まる西神田のコミュニティーを再編する西神田ファミリー夏祭り・盆踊り。そのテーマソングとしては、これほどふさわしい音頭はないだろう。

2 「ダンシング・ヒーロー」とYOSAKOI

「ダンシング・ヒーロー」がなぜ盆踊りになったのか

荻野目洋子の「ダンシング・ヒーロー」は東海〜関東の広い範囲で踊られている、現代における盆踊りスタンダードのひとつだ。決して音頭調でもなければ、和風ですらないこの曲は、あるときから突然盆踊り歌の一種となったわけだが、一部の地域では長年踊られるなかで紛れもない「伝統」ともなっている。東海では「物心ついたときから盆踊りといえば『ダンシング・ヒーロー』で踊るものだった」という人も少なくないと聞く。
「ダンシング・ヒーロー」が広い範囲で踊られるようになったのは、九〇年代末から二〇〇〇年代初頭にかけてのことだ。その始まりについては近年まで「盆踊りに馴染みのない外国人労働者や留学生のために導入された」などいくつもの説が挙げられてきたが、音楽社会学者の柴台弘毅《しばだいこうき》の論考「日本のポピュラー音楽におけるスタンダード生成過程の類型化」で調査が進められたこともあって、定着と伝播のプロセスが細かい部分まで判明している。僕が月刊「サイゾー」の連載「マツリ・フューチャリズム」で取材した際の関係者の発言も引用しながら、そのプロセスと背景を探ってみたい。

荻野目洋子「ダンシング・ヒーロー」
（発売：ビクター）

　荻野目洋子「ダンシング・ヒーロー」がリリースされたのは一九八五年一一月のことだった。原曲はイギリス出身のシンガー、アンジー・ゴールドが同年に発表した「Eat You Up」。この曲はロンドンのディスコで生まれたハイエナジーおよび初期ユーロビートの楽曲で、荻野目の担当ディレクターが喫茶店でたまたまこの曲を耳にしたことからカヴァーすることになったという。

この「ダンシング・ヒーロー」を盆踊りに持ち込んだのは、名古屋を本拠地とする日本民踊研究会の会長（当時）であった二代目・島田豊年である。初代の島田豊年はもともと島田豊門下で児童舞踊を研究していた人物で、戦後になって「踊って心に灯火を」を合言葉に日本民踊研究会を設立した（第二章参照）。それが一九五五年のことだった。

初代の島田豊年から会を受け継いだ二代目・島田豊年は、学生時代にモダン・バレエを踊っていたという。彼女の実の息子であり、現在日本民踊研究会の三代目会長を務める可知豊《かちほう》親《しん》は、「マツリ・フューチャリズム」におけるインタヴューに応えてこう話している。

当時流行っていたこの曲（『ダンシング・ヒーロー』）を耳にした母（二代目・島田豊年）が「これ、いいね」と振りを付けたんです。母自身、女学校時代にはモダン・バレエをやっていたので、いろんな音楽に関心を持っていたんですね。母も私もこんなことになろうとは思ってもおりませんでした。

ただ、古い盆踊りもいいんですけど、その時その時でみなさんが親しんでいる歌、今まさに流行ってる歌で踊っても楽しいんじゃない？　ということですよね。そもそも『東京音頭』のアレンジ自体オーケストラ演奏であって、楽曲としては洋楽。都会で踊られている盆踊り歌はだいたいそうじゃないかと思いますね。だからこそ私にしても（『ダンシング・ヒーロー』に振りを付けるということは）とんでもないことだとは思わなかったんです。

（大石始「マッリ・フューチャリズム」※一部加筆修正）

二代目・島田豊年が振り付けた「ダンシング・ヒーロー」は一九八六年、さまざまな民踊の振り付け一覧を掲載した日本民踊研究会発行の冊子「民踊のしおり」で取り上げられた。日本民踊研究会には数多くの指導者が在籍しており、各地の盆踊り大会ともネットワークを持っている。そのため、当初は名古屋から始まった「ダンシング・ヒーロー」は、まず東海地方の講習会を通じて各盆踊り大会へと持ち込まれ、やがて関東の一部の地域でも浸透していった。

なお、可知豊親は僕とのインタヴューの際、「もともと名古屋は古典的な盆踊りの伝統がない土地。徳島の阿波おどりや岐阜の郡上おどりのようなものがないので、新しく作るしかないんです」とも話している。このことは「ダンシング・ヒーロー」が盆踊りに持ち込まれるうえで重要なことだった。圧倒的な影響力を誇る盆踊り文化がなかったからこそ、名古屋という土地はさまざまな盆踊り歌を柔軟に受け入れ、みずからも作り出してきた。「ダンシング・ヒーロー」というユーロビート調のポップソングでさえ何の違和感もなく受け入れ、のちには愛知県豊田市出身のユニット、KAME&L.N.Kが二〇〇八年に発表したポップス調の楽曲「ガッツ‼」も盆踊りの定番となった。
自分たちの踊りがなければ、作ってしまえばいい――「ダンシング・ヒーロー」はそうしたアティテュードとともに各地へ広がっていったともいえる。

さらに広がる「ダンシング・ヒーロー」

二〇〇一年に荻野目洋子本人が出演したことで話題を集めたのが、岐阜県美濃加茂《みのかも》市の木曽川緑地ライン公園で開催されている「おん祭MINOKAMO夏の陣」だ。この「おん祭」が始まったのは一九九四年。当初は美濃加茂踊り保存会が運営を担当し、従来の盆踊りに則ったスタイルで行われていたが、一九九六年に「ダンシング・ヒーロー」を導入すると、一年目から大きな盛り上がりを見せたという。
その変革を推し進めたのが、地元の盆踊り愛好者グループ、舞童《まいどう》の二代目会長を務める今井一彦だ。祭りの主催団体のひとつである美濃加茂商工会議所青年部にも所属する彼は、「ダンシング・ヒーロー」を導入した経緯をこう説明する。

美濃加茂でも昔はもっといろんなところで盆踊り大会が行われていたんです。でも、景気が悪くなるなかで盆踊りも減ってきていたし、娯楽が多様化したことで若者たちの盆踊り離れが進んでいた。そういう状況に歯止めをかけたいという思いもありました。僕らのグループは当時若手も多かったので、保存会のやり方を少し古く感じていましたし、『ダンシング・ヒーロー』をきっかけに何かが変わればと。それと、地元の民謡調の曲で若い人たちに踊ってもらうために『ダンシング・ヒーロー』を導入したという面もありますね。

（大石始「マツリ・フューチャリズム」※一部加筆修正）

なお、今井が初めて「ダンシング・ヒーロー」のかかる盆踊りに触れたのは一九九四年、美濃加茂市に隣接する岐阜県可児《かに》市の盆踊り大会だったという。つまり、「ダンシング・ヒーロー」の伝播ルートは日本民踊研究会のネットワークだけでなく、今井のようにふいに出会った盆踊りの光景に刺激を受け、地元へと持ち帰られたケースもあったわけだ。

その証拠に、「ダンシング・ヒーロー」の振り付けは二代目・島田豊年が考案したものをベースにしながらも、いくつかの地域でマイナーチェンジがなされているのだという。通常の民踊・盆踊りの場合、そうした「亜流」の発生を防ぐべく「正調」のスタイルを確定し、基本的にはそのスタイルを徹底させる。だが、「ダンシング・ヒーロー」の場合、そうはならなかった。日本民踊研究会の可知豊親にそのことを問うと、「そうみたいですね。でも、それは無理のないことだと思いますよ。みなさん楽しく踊ってくだされればそれでいいんです」と返されて驚いたものだった。

「ダンシング・ヒーロー」はその後、一部の盆踊りで踊られていることがSNSを通じて知られ、広く話題になった。二〇一七年には大阪府立登美丘《とみおか》高等学校のダンス部が「ダンシング・ヒーロー」に振り付けた動画が「バブリー・ダンス」として注目を集め、荻野目洋子自身の再ブレイクも後押しした。また二〇一八年には愛知県一宮市の一宮七夕まつりに荻野目が出演。各メディアを通じてそのニュースが伝えられることによって、「ダンシング・ヒーロー」盆踊りはもはや東海～関東だけの風習ではなくなった。

この「ダンシング・ヒーロー」の場合、同曲がリリースされたバブルの時期ではなく、むしろバブルが過去のものとなった二一世紀以降に盆踊りスタンダード化した点が興味深い。二一世紀から見ると、バブルの時代も「東京音頭」が発売された昭和初期も等しく「過去」である。そうした視点のもと伝統と創作はシャッフルされ、新しい風習が生み出されていく。「ダンシング・ヒーロー」はそうした現代における盆踊りのあり方を象徴するものでもあるのだ。

ダンス・パフォーマンスとしての祭り――YOSAKOIソーラン祭り以降

平成以降に派生した新たな盆踊り～祭り文化を考えるうえで、夏祭りに新たな一面をもたらした高知県高知市のよさこい祭りおよび、そこから派生したよさこい系祭りのことを避けて通ることはできない。よさこい祭りそのものは盆踊りの範疇には入らないものの、平成以降の盆踊り文化には少なくない影響を与えているからだ。

まずはよさこい祭りの変遷を整理しておきたい。一九五〇年、高知市では市制六〇周年を記念する南国高知産業大博覧会が行われ、高知の代表的民謡「よさこい節」に振りを付けた「よさこい踊り」が初披露された。一九五二年にはその博覧会を主催していた高知商工会議所のもとに、隣県である徳島からこんな依頼が持ちかけられる――阿波おどりの舞台で「よさこい踊り」を踊ってみませんか。

一九五三年の夏、高知から送り込まれたよさこい踊り部隊は阿波おどりの場で演舞を披露するが、鍛え抜かれた阿波おどりのリズムに圧倒されたのか、高知への帰路には「阿波おどりに負けんようなものを作るしかない」と一致団結した。ウェブサイト「さんち――工芸と探訪」で公開されている記事「〝よさこいエリート〟と振り返る、商店街と共に歩んだ高知『よさこい祭り』66年の全歴史」によると、その結果作り出されたのが、「よさこい踊り」をベースに新たに創作された「よさこい鳴子踊り」だったという。

「よさこい鳴子踊り」の作詞作曲を手掛けたのは、NHK京都放送局和洋管弦楽団の初代指

高知「よさこい祭り」の踊り子たち（1968年8月、提供：朝日新聞社）

揮者だった武政英策《たけまさえいさく》。それに合わせて日本舞踊の師匠たちが踊りを考案した（現在その振り付けは「正調よさこい鳴子踊り」と呼ばれている）。暑い夏場に客を呼び込もうと考えた高知商工会議所は、その「よさこい鳴子踊り」をメインに据えた「よさこい祭り」を一九五四年にスタートさせる。祭りはその後、当時県内唯一の民放テレビ・ラジオ局であったラジオ高知（現在の高知放送）でテレビ放送されたことや、フランスのニース市で開催されるカーニヴァルによさこい鳴子踊りのグループが招待されたこともあって、高知有数の祭りとして高い人気を誇ることになった。

一九九一年にはコンテスト形式の前夜祭が初実施された。二〇チームが参加するなか初代グランプリに選ばれたのは、高知を中心とした総合エンターテイメント企業、セントラルグループだった。前述の記事によると、セントラルグループの出現により、よさこい祭りは転換期を迎えたという。同記事ではその年の感動をこのように描写している。

踊り子たちは舞台上で次々と自慢の踊りを披露し、観客は「どのチームがグランプリに相応しいか」について熱っぽく語り合った。しかし、高知を中心とした総合エンターテイメント企業「セントラルグループ」の踊り子隊総勢150名が構えをとり、音楽が鳴った瞬間、そのすべてがひっくり返った。（中略）

これまでの踊りは、躍動感すらあれ、ぐるぐる回ったり跳ねたりを繰り返す「動き」を楽しむものだった。しかし、セントラルグループは「動き」に加えて、踊りで「物語」を表現したのだ。4分30秒のなかに、起承転結があり、静と動、明と暗が共存していた。（中略）

その他の取り組みも功を奏したのはもちろんだが、この衝撃的なセントラルグループのデビューによって、よさこいが刹那《せつな》的な楽しみやお金儲けの手段ではなく、「作品作り」へと変化したのだ。

（「〝よさこいエリート〟と振り返る、商店街と共に歩んだ高知「よさこい祭り」66年の全歴史」）

この記述を読み解くと、セントラルグループの登場によってよさこい祭りは地域の祭りからパフォーマンスの優劣を競い合うダンス・イヴェントへと完全にシフトしたともいえるだろう。そして、そのセントラルグループのパフォーマンスに魅せられ、一九九二年に北海道札幌市でYOSAKOIソーラン祭りを始めたのが、当時北海道大学の学生だった長谷川岳（現・参議院議員）だった。

YOSAKOIソーラン祭りは基本的によさこい祭りのスタイルを踏襲している。よさこい祭りに出場するチームは「よさこい鳴子踊り」のフレーズを入れることが義務化されているが、YOSAKOIソーラン祭りもまた、北海道の代表的民謡である「ソーラン節」のメロディーを入れること、そして「よさこい祭り」同様に鳴子を持って踊ることが定められている。それさえ守っていれば、踊りやアレンジ、衣装は自由。優勝チームを選ぶダンス・コンテストであるという点もよさこい祭りから受け継がれている。

民謡をモチーフにしながら、好みに合わせた音楽と組み合わせるというよさこい祭りのスタイルは、後にさまざまなよさこい系祭りの誕生を促した。愛知県名古屋市のにっぽんど真ん中祭り、石川県七尾《ななお》市の能登よさこい祭り、宮城県仙台市のみちのくYOSAKOIまつり、東京都渋谷区の原宿表参道元氣祭り・スーパーよさこいなど枚挙に暇がない。イヴェントとしての原型を作ったのは高知のよさこい祭りだが、その方法論を流用し、他の土地でも新たに祭りを始められることを実証してみせたのは札幌のYOSAKOIソーラン祭りである。

現代のメンタリティーに合致したＹＯＳＡＫＯＩ

よさこい系祭りが各地で増加した背景には、よさこい系祭りがコストパフォーマンスに優れていたということもある。よさこい系祭りはそれぞれのチームが参加料を払う形で開催されており、主催者側が櫓や神輿のような高額な設備を用意する必要もない。そのため主催団体としては開催・持続のハードルが比較的低いのだ。地域社会の変貌とともに自治体や商工会が活力を失っていくなか、コスパに優れたよさこい系祭りが増加していったのも当然のことといえる。

学校行事によさこいが取り入れられ、学生サークルが増加したこともよさこい系祭りの盛り上がりを後押しした。きっかけのひとつとなったのは、北海道稚内《わっかない》市立稚内南中学校が民謡歌手の伊藤多喜雄《いとうたきお》によるロック調のソーラン節「ＴＡＫＩＯのソーラン節」を学校教育に取り入れ、さまざまなメディアで取り上げられたことだった。なかでも影響力が大きかったのがテレビドラマ「３年Ｂ組金八先生」。一九九九年から二〇〇四年までの第五〜第七シリーズで伊藤多喜雄ヴァージョンの「ソーラン節」に合わせて生徒たちが踊るシーンが使われており、各地の運動会や文化祭に「ソーラン節」およびよさこいが導入されるきっかけとなった。三浦展『ニッポン若者論』によると、女子高校生のうち五三・二パーセント、男子高校生で四七・七パーセントがよさこいを踊ったことがあるとしており、若年層に対する影響力は他の民踊を圧倒する。

また、YOSAKOIソーラン祭りが北海道大学の学生によって始められたように、よさこい系祭りのなかには学生チームが立ち上げたものもある。仲間たちと立ち上げ、仲間たちで参加する。主催者・参加者それぞれにストーリーがあるのもよさこい系祭りの特徴だ。

高知のよさこい祭りの公式ウェブサイトには、「みんなが主役になれる日」というキャッチコピーが掲げられている。盆踊りや祭りは本来無数の裏方たちによって支えられるものであって、実際の「主役」はごくわずかしか存在しないことがほとんどだ。だが、気の合う仲間たちと出場することができるよさこい系祭りは、祭りのなかで全員が主役になれるうえに、なおかつ友人たちとの強い一体感を感じることができる。いわば、よさこい系祭りのブームは、他者との絆を求め、同じ目標へと向かって突き進もうという現代日本人の価値観・メンタリティーとも密接に結びついたものなのだ。

よさこい系祭りのスタイルと美学は盆踊りにも侵食している。

大阪府枚方《ひらかた》市を拠点に活動するスターダスト河内は、大阪の河内音頭や江州音頭を専門とする盆踊りチームである。スターダスト河内のウェブサイトを見ると、大阪でも二〇〇〇年代初頭からよさこいが学校教育に取り入れられるようになったという。スターダスト河内の揃いの衣装や大きな踊りにはよさこいからの影響も感じさせるが、彼ら自身は「高知および北海道の文化であるよさこいに対し、地元の河内音頭を打ち出していくべきではないか」という地元意識からチームを設立したとウェブサイトで表明している。「対よさこい」という意識のうえで自身のスタイルを構築している点が実に現代的だ。

また、よさこい系祭りが浸透し、その美学を自然に吸収した世代が盆踊りを表現すると、無意識のうちによさこいに接近してしまうこともあるはずだ。小学校からよさこいに触れてきた世代にとっては、「炭坑節」で踊る典型的な盆踊りのスタイルよりも「ダンシング・ヒーロー」や「バハマ・ママ」で踊る盆踊りに対して親しみを覚えるということもあるだろう。

そのように、よさこいは「自分たちの好きな音楽で、好きなように踊る」という一九七〇年代中盤以降の傾向にも乗りながら、平成の盆踊り文化に少なくない影響を及ぼしてきたのだ。

3　バブル崩壊と阪神・淡路大震災

バブル崩壊後に盆踊りに起きたこと――高齢化・不景気・マンネリ化

一九九四年、総人口に占める六五歳以上の割合が一四パーセントを超え、日本は高齢化社会に突入した。二〇〇七年には二一パーセントを超える超高齢社会となり、本校執筆時（二〇二〇年）は二八パーセントを超えている。三〇パーセントの大台は目前だ。

高齢化が進めば地域コミュニティーの活力は失われ、地域活動は停滞していく。第二次ベビーブーム世代が小学生となった一九八〇年代、町内会・商店街が主催する非伝統的な盆踊りは全盛期を迎えた。だが、彼らが中学に入学する九〇年代中盤以降になると、その盛り上がりに陰りが見え始める。

また西神田の例で見たように、バブル景気によって都市部ではコミュニティーが破壊され、地域によっては盆踊りの風習が途絶えたが、バブル崩壊もまたさまざまな地域に影響を及ぼした。

たとえば、神奈川県三浦郡葉山町の森戸《もりと》の浜では、高度経済成長期のころから盆踊りが行われており、森戸海岸の周囲に立ち並ぶ会社の保養所や寮から多くの家族づれが遊びにきたという。だが、バブル景気が終わって不景気になると、保養所や寮は次々に閉鎖。来場者が一気に減少したこともあって、二〇〇〇年代に再開されるまでの数年間、休止を余儀なくされた。

さらに、マンネリ化という問題もある。大和町八幡《はちまん》神社大盆踊り会（東京都中野区）は八幡神社の祭礼として長年開催され、平成に入るころまでは一定の賑わいを保っていたという。だが、盆踊りがマンネリ化して徐々に活気を失い、その結果参道に並んでいた露天商が他の盆踊りへ移ってしまった。露店がなくなれば子供たちもやってこなくなるわけで、急激に賑わいを失っていったという（なおその後人気は復活した。次章参照）。

そのように九〇年代末に各地の盆踊りが衰退したのは、高齢化やバブル景気の崩壊に加えマンネリ化の問題があった。地域振興という明確な目的を持つ商店街主催の盆踊りはともかく、町内会主催の盆踊りが掲げるテーマは住民同士の交流や住民のレクリエーションでもある。踊りに対して特別な思い入れがなければ、続けているうちにやがてモチベーションも下がり、マンネリ化していくのも当然のことだった。

高齢化、不景気、マンネリ化……ここに紹介した森戸の浜の盆踊り大会と大和町八幡神社大盆踊り会に限らず、九〇年代末に盆踊りの熱気が失われたと証言する関係者は少なくない。

地縁組織の弱体化

町内会が主催する盆踊りの場合、その衰退はさらに町内会や自治会など地縁組織の弱体化とも結びついている。社会学者の中田実はその背景にあるものをこのように論じている。

情報化を基盤とする日常生活の利便性の向上は、地域生活面での共同の必要性を低下させ、それが生活単位の縮小、すなわち小規模世帯の急増をもたらしています。この過程は少子高齢化の進行と並行関係をもって進んできました。（中略）単位となる世帯の人数が減って家事や育児、介護の負担が重くのしかかるようになり、同時に非正規雇用の拡大と貧困層の膨張、それとあわせて進む公的福祉施策の後退で個人や世帯の負担が増え、地域の活動に参加することがむつかしい世帯が増えてきました。

こうした状況下では、町内会・自治会が従来通りの組織運営や活動をしているだけでは、組織加入率や行事参加者が減少するのは当然のことでした。

世帯（家族）の縮小＝個人化が進むなかで、町内会・自治会には、多様な条件を抱える住民個人を対象とした活動を行うことが求められるようになってきました。現代の町内会・自治会が直面する問題は、町内会・自治会について住民の理解や関心が薄いことだけでなく、世帯の構造変化から生じてくる問題が底流にあることを見落としてはなりません。

（中田実「町内会・自治会の特質と現代的課題」）

要約するならば、日常生活の利便性が向上したことや少子高齢化などの要因によって小規模世帯が急増。個人や世帯の負担が増え、地域の活動に参加することが困難になった。町内会・自治会の弱体化の背景には、そうした世帯の構造変化が根底にあることを中田は指摘しているわけだ。一言でいってしまえば、生きていくことで精一杯、時間的にも精神的にも町内会に参加する余裕がなく、盆踊りに遊びにいくのはともかく、運営に関わるなんてもってのほか――そんな家庭が多くなったのだ。

東京都立川市栄町地区自治会のウェブサイトには、「盆踊り大会を実施して思うこと。もう盆踊りを継続出来ない悲鳴!?」という生々しい投稿がアップされている。

同地区ではかつていくつもの盆踊りが開催されていたというが、年々その数が減少。ここでは「踊る人が少なくなった」「準備が大変」「役員が高齢化した」などを理由として挙げたうえで、「運営面で一番苦労することは、価値観の違う地域住民の意見を合意形成していく過程の煩《わずら》わしさであろう」と書いている。実務に関わる運営メンバーは昔ながらの盆踊りにこだわる古老から小言をいわれ、案内状をパソコンで打ち出すと「そんな小さな字は小さすぎる」と批判される。また、自治会の役員が毎年変わることから、年が変わるごとに運営チームを結成する必要があり、ノウハウを蓄積することができない。防犯警備は町内会の老人たちが担当するが、みな身体に不調を抱えた満身創痍《まんしんそうい》の状態。そこまでして開催しても、若者たちからはそっぽを向かれる——。なんとも痛々しいかぎりだが、投稿者は盆踊りの今後についてこのように続ける。

やはり「盆踊り」を愛する人たちが組織して実行していくことが一番であるが、盆踊りを続けていこうと熱意をもった人たちがいるかどうかの問題であろう。踊り手もいない、踊りを愛する人もいないでは、消滅していく運命にあるのではなかろうか。

(「盆踊り大会を実施して思うこと。もう盆踊りを継続出来ない悲鳴⁉」)

この発言は二〇一五年七月に投稿されたものだが、こうした事例は他の地域でも見られるものだろう。

地縁組織は戦後に時間をかけて再編され、存在意義について議論が重ねられてきたが、東日本大震災以降、地縁によって運営される盆踊りの運営に限界を感じた人々のあいだで、新たな運営方法の試行錯誤が重ねられていく（第六章参照）。

阪神・淡路大震災と盆踊り

本章の最後に一九九〇年代におけるトピックのひとつとして、一九九五年に発生した阪神・淡路大震災後の盆踊り事情について触れておきたい。次章で取り上げるように、東日本大震災のあとには供養や地域の再生を目的とする盆踊りが各地で立ち上げられたが、阪神・淡路大震災の際にはどうだったのだろうか。

神戸新聞の二〇〇四年一月一三日付の記事「あの時あの場所　大震災9年」によると、神戸市兵庫区の佐比江《さびえ》公園では震災以前からラジオ体操や盆踊りが行われていたが、残された住民が高齢者中心だったこともあって、盆踊りは震災後に途絶えてしまったという。

また、神戸市兵庫区の湊川《みなとがわ》公園では阪神・淡路大震災をきっかけに、「ひょうご盆踊りの夕べ」がスタートしている。こちらの主催は兵庫区連合婦人会。犠牲者の供養を目的とするものというよりは地域住民を元気づけるために始まった夏祭り的イヴェントであり、盆踊りだけでなくブラスバンドの演奏や三味線ライヴ、よさこいメドレーも行われる。

なお、阪神・淡路大震災の被災地は、盆踊りよりも地蔵盆《じぞうぼん》の文化圏に入る。地蔵盆は地蔵菩薩の縁日で、京都発祥とされる民間行事だ。地域によってその内容は異なるが、人文地理学者の相澤亮太郎は神戸一帯の地蔵盆についてこのように解説する。

毎年夏の地蔵盆では、地蔵を所有・管理するグループや住民が地蔵の前にテントを設置し、祭壇を作りお供え物を並べるなどして準備を行う。日没後は、近隣に暮らす子どもの名前を記した提灯に灯を点し、御詠歌《ごえいか》やお経をあげる。子どもたちは7ヶ所以上の地蔵を巡ることで健康に育つとされ、お参りをした子どもたちには「お接待」「お茶の子」と称するお菓子を配る。（相澤亮太郎「阪神淡路大震災被災地における地蔵祭祀」）

阪神・淡路大震災の被災地では、かなり早い段階で地蔵盆が再開されていたようで、相澤は「焼け跡や瓦礫《がれき》の山から地蔵を掘り出し、住宅より先に地蔵を納める祠を再建した事例や、仮設住宅に地蔵を持ち込んで例年通り地蔵盆を行った事例などが報告されている。また地蔵は、地域復興の象徴的な存在として、メディア等にも取り上げられてきた」と書いている。

神戸の場合、犠牲者の供養を担ったのは盆踊りでなく、地蔵盆をはじめとする地蔵祭祀だったわけだ。阪神・淡路大震災の傷跡が生々しく残るなか、こうした祭祀が早い段階から再開され、住民たちの思いを繋ぎ留めていたことは記憶しておきたい。

第六章

東日本大震災以降の盆踊り文化——平成後期〜現在

1　東日本大震災後の新たな動き

東日本大震災以降の盆踊り人気

東日本大震災直後の不安定な世情において、盆踊りの櫓にかかる提灯にホッとするものを感じたのは僕だけではなかったはずだ。震災後、被災地とそれ以外の土地が分断され、原発をめぐる政治的な意見の違いから身近な友人関係にも亀裂が入った。あらゆる場所で分断が進むなか、僕の目には櫓にかかる提灯が希望の灯火のように映った。第三章で取り上げたように、社会学者の若林幹夫は団地の祭りについて「地域」がまるでそこに存在しているかのように演出するイヴェントに過ぎない、という主旨の論考を残しているが、震災の年、僕は各地で盆踊りが人と人を結び、人と土地を結びつける場面を目の当たりにした。そこには確かに「地域」が存在していた。

震災後、少しずつ高まっていった日本再発見の気運は、盆踊りなど日本文化に対する関心の高まりとしても現れた。東京都墨田区のすみだ錦糸町《きんしちょう》河内音頭大盆踊りなどではみるみる来場者が増え、踊り場のスペースを拡張したり、宣伝を控えるなどして対策を取らざるを得なくなった。震災以降、盆踊りや祭りの魅力に新たに取り憑かれ、各地を飛び回るようになった盆踊り愛好家も少なくなかった(僕もそのひとりだったといえるだろう)。

その反面、地方の伝統的な盆踊りや祭りのなかには、担い手不足や主催団体の高齢化という問題がさらに深刻化しており、人知れず伝統が途絶えてしまうケースも珍しくない。盆踊りが盛り上がっているのは都市部だけだ、田舎の現状を見てみろ、そんな声を耳にしたこともある。コミュニティーにおける活力の地域格差がそれまで以上に表面化したともいえるだろう。

野外フェス以降の「再発見」

では、なぜ東日本大震災以降、盆踊りは都市部を中心に盛り上がりを見せるようになったのだろうか。

まず、野外の音楽フェスティヴァル以降のイヴェントスペースとして盆踊り・祭りの場が「再発見」された点が挙げられる。野外フェスが各地で乱立するようになったのは二〇〇〇年代以降の現象だが、オープンエアで音楽を楽しむ快楽を知った音楽リスナーが盆踊りの場にドッと流入し、遊び場としての魅力が再発見されたのだ。その中心となったのは、「ドラえもん音頭」や「アラレちゃん音頭」で育った第二次ベビーブーム世代である。震災以降に立ち上げられた盆踊りのなかには生演奏を重視したものも多いが、そこには第二次ベビーブーム世代ならではの、劣悪な音響設備で踊らざるを得なかったかつての盆踊りに対する批判的意識と、野外フェス以降の感覚が共存している。第一章で取り上げたように、「東京音頭」のヒットによって「生歌から音源へ」というスタイルの変容が各地の盆踊りで推し進められたが、震災以降、「音源から生歌へ」という原点回帰的な志向が見られるようになった。ライヴ・ミュージックとしての盆踊りの魅力が発見されたといってもいいだろう。

数多くの野外フェスが乱立するなかで、各フェスは音楽ジャンルやテーマをより絞り込み、細分化が進んでいったが、そのぶん出演者や来場者の多様性は失われていった。そうした野外フェスに物足りなさを感じつつあった層が、世代や趣味嗜好を超えた多種多様な人々が集まる盆踊りに対し、野外フェスにはないダイナミズムを覚えたところもあったはずだ。

時代の流れが「消費から体験へ／モノ消費からコト消費へ」と移り変わっていくと共に、エンターテイメントの世界でもパッケージ販売よりもライヴ興行を重要視するようになっていった。体験型のエンターテイメントという一面も持つ盆踊りや祭りは、そのように移り変わりゆく時流とも合致した。また、盆踊りや祭りは基本的に入場無料である。軽く一杯飲みにいく感覚で遊びにいけるという点も不景気のなかで大きな魅力となった。

プロジェクトFUKUSHIMA!と「ふるさとの創造」

「盆踊りリヴァイヴァル」ともいえるそうした潮流を生み出すきっかけのひとつとなったのが、二〇一三年から始まった「プロジェクトFUKUSHIMA! 納涼!盆踊り」だ。「プロジェクトFUKUSHIMA!」は震災直後の二〇一一年、福島ゆかりの音楽家や表現者が集まるかたちで初開催された。同年の五月八日には、実行委員会の代表として詩人の和合《わごう》亮一《りょういち》、ロック・シンガーの遠藤ミチロウ、音楽家の大友良英《おおともよしひで》の三者が共同宣言文を発表している。そこにはこんな一文が記されていた。

不名誉な地として世界に知られたFUKUSHIMA。しかし、わたしたちは福島をあきらめません。故郷を失ってしまうかもしれない危機の中でも、福島が外とつながりを持ち、福島で生きていく希望を持って、福島の未来の姿を考えてみたい。そのためにも、祭りが必要です。人々が集い、語らう場が必要です。

（「プロジェクトFUKUSHIMA!宣言」）

コミュニティーの内と外の人々が集まり、語り合う場所としての祭り。そうしたコンセプトは、二〇一三年に初開催されたプロジェクトFUKUSHIMA!の納涼盆踊りにも受け継がれている。

この盆踊りは福島県二本松市出身の遠藤が提案し、福島市で十代を過ごした大友らが賛同する形で実現したが、大友はもともと盆踊りに対して強い抵抗感があったという。著書のなかで大友は「音頭とか盆踊りなんて一番ダサい音楽だと思ってましたから。そういうもんが嫌いで田舎を飛び出したわけですから、『なんでそんなもんを今更』って思いました」と綴っている。そうした抵抗感を乗り越えたうえで、大友は盆踊りの可能性について思いを馳せるようになる。プロジェクトFUKUSHIMA!の納涼盆踊りのテーマ曲ともいえる「ええじゃないか音頭」の背景にあるものについて、大友はこう書いている。

ある村に綿々と受け継がれている盆踊りがあったとして、それを踊れることや歌えることが、その村の住人であることの証しになるような盆踊りではなく、誰でも、地元がどこであれ一緒に踊れるような音頭をつくっていこう、そんなことを「ええじゃないか音頭」をつくるときに思いました。

（大友良英『学校で教えてくれない音楽』）

地縁集団によって運営され、コミュニティー内の結束を高めるための地域イヴェントという側面も持ってきた従来の盆踊りは、地域コミュニティー内のしがらみとは無縁ではいられなかった。若者たちや新住民にとってそうした盆踊りの運営に関わることは少々ハードルが高く、だからこそ彼らの一部は気の合う仲間たちで参加できるよさこいに流れていったともいえるだろう。だが、プロジェクトＦＵＫＵＳＨＩＭＡ！の納涼盆踊りには、福島のみならず趣旨に賛同した人々が全国から集結し、地縁集団を超えた広がりがあった。

プロジェクトFUKUSHIMA!「納涼！　盆踊り」（2013年8月15日、撮影：地引雄一）

大友はさまざまな地域からやってきた人々によって作り上げられたそうした盆踊りの延長上に、「土地に縛られない新しい地元観」を見出そうとする。地元がどこであろうと、あるいは地元をどこにも持たなかったとしても、踊りの輪に入ることでそこが地元になってしまう。いわば「地元」の再構築であり、創造。これを「ふるさとの創造」と言い換えることもできるはずだ。

言うまでもなく、「ふるさとの創造」とはここまでにも取り上げてきたように団地やニュータウン、労働者の街などで繰り返し叫ばれてきたキャッチコピーでもある。東日本大震災によって多くの土地が奪われたことで、その言葉がふたたびリアリティーを持つようになるなか、プロジェクトFUKUSHIMA！の盆踊りは、音頭のリズムに乗せてふたたび「ふるさとの創造」を試みたのだ。

なお、福島から始まったプロジェクトFUKUSHIMA！の盆踊りは、のちに北海道の札幌国際芸術祭や東京のフェスティバル／トーキョーといったアート・フェスでも開催された。当初は放射線対策のため櫓の周囲に敷かれていた巨大風呂敷はこの盆踊りのアイコンとなり、ひとつの楽団のように各地をツアーすることになった。福島で生まれながら、地域にこだわらずあらゆる場所で開催することのできるという点においても、プロジェクトFUKUSHIMA！の盆踊りスタイルは極めて現代的なものといえる。

「DAIBON」——従来の演目のアップデート

震災以降、そのように既存のフォーマットをアップデートした盆踊りが各地で開催されるようになった。

「DAIBON」という愛称でも親しまれている大和町八幡神社大盆踊り会（東京都中野区）は、DJやミュージシャンがパフォーマンスを繰り広げる新感覚の盆踊りだ。運営において中心を担う著述家／音楽家の岸野雄一は、近年盆踊りとＤＪカルチャーの融合を進めてきたが、「ＤＡＩＢＯＮ」もその実践の場という一面を持っている。ただし、盆踊り空間に突如ＤＪやライヴを持ち込むのではなく、バンドのレパートリーに「炭坑節」や「東京音頭」が選ばれていたり、従来の踊りの会や神輿渡御との調和が図られていたりと、あくまでも従来の盆踊りで親しまれてきた演目が下地となっている。そのような形で地域との融和が重要視されているのも「ＤＡＩＢＯＮ」の特徴だ。

　なお、「ＤＡＩＢＯＮ」では櫓の上で披露されるＤＪ盆踊りが名物となっているが、ＤＪのかける曲に合わせて踊るこのスタイルは近年さまざまな地域の盆踊りで取り入れられるようになっている。各地で転用可能なベーシックな骨組みを作ることも「ＤＡＩＢＯＮ」の目的となっているようだ。

大和町八幡神社大盆踊り会（2019年、撮影：大石慶子）

にゅ〜盆踊り――ダンスカンパニーとの協働

「プロジェクトFUKUSHIMA！」の盆踊りにおいて珍しいキノコ舞踊団（二〇一九年四月解散）が振り付けを担当するなど、ダンスカンパニーと盆踊りが接点を持つケースが近年見られるようになっているが、コンテンポラリー・ダンスカンパニーであるコンドルズおよび「あうるすぽっと（豊島区立舞台芸術交流センター）」がプロデュースする「にゅ〜盆踊り」（東京都豊島区）もそのひとつだ。この盆踊りでは、豊島区内の各会場でコンドルズのメンバーが参加者に踊りを伝授するワークショップが重視されている。このワークショップで踊りをマスターした参加者は盆踊り当日、しゃ〜隊と呼ばれるリーダーとなって踊りの輪を先導することになる。「出演者／観客／参加者」をシャッフルしながら地域コミュニティーを巻き込んでいくこの方法論は、他の地域の盆踊りにも転用することができるだろう。

アートやダンス、音楽は地域コミュニティーとどのような関係を結ぶことができるのか。各地で試行錯誤が重ねられているが、近年、盆踊りは両者を繋ぐ媒体となりつつある。にゅ〜盆踊りはその象徴的な一例ともいえる。

東日本大震災以降見直される「人と地域を結び直す力」

さまざまな理由から途絶えていた盆踊りの再生が進んだことも、震災以降の現象といえる。そのなかのひとつ、東京都青梅《おうめ》市成木《なりき》地区の盆踊りを例に見てみよう。成木地区は青梅市のなかでも山間に位置する小さな集落である。かつては地区内でも自治会主催の盆踊りが行われていたものの、少子高齢化の波を受けて途絶えつつあった。二〇一五年、そんな成木出身の若者を中心とする任意団体「ゆめなりき」が立ち上がる。同団体のメンバーは、「あしたの日本を創る協会」が発行する冊子のなかでこう話している。

メンバーはみんな、それぞれが仕事や家庭を持ち、市外に出てしまっている人もいる。そんな若者たちの共通するところは、成木という地域が好きだということ。まさに、現代版の青年団である。

結成のきっかけは、成木外に移住してしまった成木の元住民が、年に一度でも成木に帰ってくるきっかけになるような何かができないか、といういちメンバーの想いからだった。

（「自治会×若者の多世代交流　成木地区大盆踊り大会」）

こうした理念のもと結成されたゆめなりきは、豊かな自然環境を活かした魚釣り大会や地域内外の人々による交流会などを企画。二〇一六年には「ゆめおどる夏のフェスティバル成

成木地区大盆踊り（2018年、提供：ゆめなりき）

木地区大盆踊り」という名で盆踊りの再生も実現する。

この盆踊りはゆめなりきの単独開催ではなく、自治会との協力体制のもと開催されているところにも意義がある。ひと夏だけのイヴェントに終わらせるのではなく、地域コミュニティーを再生するさまざまな活動の一環として開催されているのだ。ゆめなりきのメンバーはこう話している。

私が感じるに、これまでの自治会の中では、いわゆる地域の重鎮のような人と、これから地元を担っていく若者が交流する機会が少なく、様々な地域行事の継承が薄かったのではないかと思う。つまり、大人たちはだんだんと負担になっていく行事をなんとか若者に担ってほしい、若者も自分たちが主体になって地域を盛り上げていけるなら何かをやってみたい、そんな両者の想いはありながらも、うまく交わる場がなかっただけなのではないだろうか。

（「自治会×若者の多世代交流　成木地区大盆踊り大会」）

自治会や町内会に関わることに抵抗感のある若者たちが自治会の長老たちと手を取り合い、コミュニティー活動を行うことはなかなか難しい。だが、盆踊りそのものを交流の場として捉え直すことによって、そこには接点が生まれる。地元から離れてしまった若者にとっては、この盆踊りを含むゆめなりきの活動によって地元との関わりがふたたび生まれるわけだ。

なお、この盆踊りでは保育園の園児が主役となる時間を設けているほか、中学生のボランティアも募っているという。ゆくゆくは運営側に回る可能性のある子供たちに盆踊りの楽しさを知ってもらうこと。それは永続的な盆踊りの開催にあたっては非常に意義のあることだろう。

高島おどり・徳山おどり——盆踊り愛好家による支援

滋賀県高島市では保存会が中心となって「高島音頭」で踊る高島おどりが継承されてきたが、高齢化に伴い年々規模が縮小していた。二〇一八年、その現状を憂いた地元出身の若者が、高島おどりを盛り上げるためのクラウドファンディングをスタート。櫓の修繕費や運営資金を募ったところ、目標金額を大幅に上回り、その年の高島おどりは例年以上の大きな盛

復活した徳山おどり（2019年、撮影：渡辺葉）

り上がりを見せたという。

盆踊りの再生のためにクラウドファンディングを立ち上げたこのケースには、地元と縁のある人々だけでなく、各地の盆踊り愛好家が数多く参加した点にも意義があった。一度衰退してしまった盆踊りを地元住人だけで再生するのはなかなか難しいが、関心を持ったコミュニティー外の愛好者たちを巻き込むことによって実現することもある。高島おどりの再生はその好例だ。二〇二〇年八月にはオンラインでのライヴ配信も実現。盆踊りに愛着のある若者と高島おどりの担い手である地元の高齢者がうまく噛み合っていることが、モニター越しに伝わってきた。

また岐阜県の旧徳山村（現・岐阜県揖《い》斐《び》川《がわ》町）ではかつて徳山おどりという盆踊りが行われていたが、集落が徳山ダムの底に沈んだことや元村民の高齢化によって消滅の危機に瀕していた。そのことを知った首都圏に住む盆踊り愛好家たちが元村民たちのもとを訪れ、地道な交流がスタート。都内で活動を報告するイヴェントを開催したことに加え、そうした交流に元村民たちが刺激されたことで、二〇一九年夏には途絶えていた現地の盆踊りが再開された。

他の途絶えつつある盆踊り文化を都心にそのまま「輸入」し、いくつかの公演を行うだけではなかなか事態は改善されないだろう。だが、徳山おどりに関わる愛好家たちは、踊りを通じて地方と都市の関係を結び直そうとしている。そこにもまた、人と人を繫ぎ直す盆踊りの現代的な意義がある。

鴨台盆踊り——学生が企画・運営

ユニークな運営組織を形成している例としては、大正大学（東京都豊島区）の巣鴨キャンパスで行われている鴨台《おうだい》盆踊りがある。四〇〇〇人を超える地域住民や学生、教職員が集まるこの盆踊りは、現在こそ「巣鴨三大盆踊りのひとつ」とされるほどの盛り上がりを見せているが、一九七〇年代に中断していたという。それが二〇一一年、東日本大震災の追悼イヴェントとして復活を遂げたのだ。

この鴨台盆踊りの特徴は、大正大学の学生が企画・運営を担っている点にある。同大学のプレスリリースではこのように説明されている。

「サービスラーニング」という授業の中で豊島区、北区をフィールドにし、鴨台盆踊りという一つのプロジェクトを通して地域の特徴や課題を考える「課題解決型学習（PBL）」を展開しています。地域をフィールドにして課題解決等を行う授業科目の中で、盆踊りのターゲット設定からイベント内容企画、広報、会場設営などを行います。学生自ら大学教職員とコンタクトを取り、備品の手配や対外的な広報の依頼などを行い、自ら行動する力、関係者との関係構築や調整力などを養います。

（「大正大学学生、4000人が集まる盆踊りをプロデュース「第9回鴨台盆踊り 人と霊　輪になる』開催」）

学生たちは一般参加者も対象とする盆踊り練習会を取り仕切るほか、さまざまな関連イヴェントの運営を任されている。ここでは学校関係者だけでなく、地域との関係構築を学ぶ場としても盆踊りが設定されているのだ。

こうした例からもわかるように、震災後に復活した盆踊りの場合、運営組織も地縁集団だけで構成されているとは限らない。地元とゆかりのある若者たちや盆踊り愛好家たちを取り込んだ柔軟な運営組織を作ることによって、盆踊りに新たな活気をもたらしているのだ。

2　インターネットの影響

YouTube以降のカルチャーとしての盆踊り

インターネットの浸透により、ローカルな盆踊り情報にアクセスするのもだいぶ簡単になった。

YouTubeには有名無名問わず無数の盆踊り動画がアップされており、そこでは地域外ではほぼ知られていないような小さな盆踊りの動画にも触れることができる。もちろん、参加者が何気なくアップしたものもあれば、保存会や自治会がプロモーションのために制作したものもあり、動画のクォリティーは玉石混交だ。古くから伝えられてきた盆踊りのなかには、インターネットの世界から遠く離れた日本の奥地でひっそりと続けられているものもまだまだ存在するが、新しく始められたり再生された盆踊りの場合、コミュニティーの外部をいかに巻き込んでいくかが重要である。ネット上での情報発信が大きな意味を持っているのだ。

また、YouTubeにはさまざまな団体が振り付け動画を公開しており、こうした動画で踊りを覚え、盆踊り当日に臨《のぞ》む踊り手も多い。振り付け動画を拡散することで、盆踊りそのもののプロモーションに繋がるケースもあり、震災以降に立ち上がった盆踊りのなかにはＳＮＳを有効活用しているものも多い。

震災以降の盆踊りリヴァイヴァルは、YouTube／ＳＮＳ以降の現象という一面も持っているのだ。

ＳＮＳによる情報拡散

盆踊り動画がＳＮＳ上で拡散されることにより、それまで一部の地域でしか知られていなかったローカルな風習が一夜にして全国区のものとなった事例もある。

先にも触れた「ダンシング・ヒーロー」盆踊りは象徴的な一例だろう。現在YouTubeで公開されている「ダンシング・ヒーロー」の盆踊り動画のなかでもっとも古いものは二〇一〇年一二月に公開された岐阜県美濃加茂市の「おん祭」のもの。動画の公開日を見てみると、そこから二〇一五年あたりを境に急激に投稿数が増えてくる。これは先に投稿された動画がまとめサイトなどで紹介され、広く知られるようになった時期とも重なり合う。

中野駅前大盆踊り大会（東京都中野区）では、キッスやクイーンで踊る盆踊りタイムがＳＮＳで話題を集めた。こちらの実行委員長を務めるのは、日本民踊鳳蝶《あげは》流の家元師範として各地の教室で指導を行う鳳蝶美成《あげはびじょう》だ。地元出身の彼は、高齢化によって地元の盆踊りが衰退していくことを憂い、Perfumeやきゃりーぱみゅぱみゅなどｊ－ＰＯＰで踊る盆踊りを考案した。Perfumeのヒット曲「Baby cruising Love」には福島県の代表的な盆踊り唄である「相馬盆唄」の振り付けを転用するなど、盆踊りとポップスの融合を推し進めてきた。二〇一八年にはボン・ジョヴィの世界的なヒット曲「Livin' On A Prayer」を盆踊りタイムに導入したところ、その模様を捉えた動画がＳＮＳで拡散され、本家ボン・ジョヴィのアカウントまでが反応する事態となった。

DJに合わせて踊る時間の中野駅前大盆踊り大会（2019年、撮影：大石慶子）

なお、この中野駅前大盆踊り大会の軸となるのは、中野区民謡連盟の演奏に合わせて踊ることができる正統派の盆踊りタイムだ。いわば既存の盆踊りをいかにアップデートしていくかがこの盆踊り大会のテーマでもあるわけだが、ＳＮＳで取り上げられるのはどうしても目新しさのあるボン・ジョヴィやクイーンでの盆踊りになる。ネットを使った情報拡散の難しさも再認識させられる。

SNSによるコミュニティーのつながり強化

第四章でも登場した曹洞宗の大本山、總持寺（神奈川県横浜市鶴見区）で開催されているみ霊祭り納涼盆踊り大会は、一九四七年から続く歴史ある盆踊り大会だ。こちらの特徴はアニメ「一休さん」のテーマソングで爆発的な盛り上がりを見せること。二十代の若い修行僧が櫓の上から踊りの輪を煽るその光景は、ほとんど野外フェスのようでもある。二〇〇九年ごろから「一休さん」盆踊りの噂がSNS上で広まり、現在では三日間で一〇万人もの来場者が押し寄せる規模にまで拡大した。

僕も数年前にこちらの盆踊りを訪れたことがあるが、盆踊りの光景を何気なくツイッターに投稿したところ、すさまじい勢いで拡散されて驚かされた。しかも僕の投稿をシェアしたのは、ほとんどが横浜市各地の中学生。どうやら僕の投稿をシェアした中学生の多くがみ霊祭り納涼盆踊り大会を訪れていたようで、彼らにとってはその日の盆踊りで踊ることと同じぐらい、盆踊りの余韻をシェアすることが重要だったようだ。そこではまさに体験の共有が行われていたのである。

み霊祭り納涼盆踊り大会の場合、SNS上での情報拡散はコミュニティーの外部へとその存在を知らせる役割を持つと同時に、中学生を中心とする地元のコミュニティーの繋がりを互いに確認し、強化する役割も持っているといえるだろう。

SNSの弊害

その反面、従来であれば地域内に向けられて発信されていた盆踊り情報を、インターネットを通じて不特定多数に発信することで生まれる弊害もある。

大阪では河内音頭のさまざまな会派が活動しており、夏ともなると各地区ごとに櫓が立つ。若者が運営に関わっている会派の場合、SNSで開催情報を流すこともあるが、その多くは今も町内会の掲示板に簡素な告知文章を張り出す程度だ。僕も以前大阪で河内音頭巡りをした際、情報収集で苦労した覚えがあるが、そうしたなかでありがたかったのは、開催情報をまとめたいくつかのウェブサイトの存在だった。運営しているのは河内音頭の愛好家たち。すみだ錦糸町河内音頭大盆踊り（東京都墨田区）の運営に長年携わった鷲巣功《わしずいさお》によると、彼らは曖昧な開催情報の裏付けを独自に取り、詳細な開催スケジュールを公開していたという。

開催情報が行き渡ることにより、小さな盆踊り会場まで足を運べるようになったことは、盆踊り愛好家としてはありがたい限りだ。その一方で、他所からやってきては好き勝手踊りまくり、踊りの輪を乱して帰る者も増えたという話は各所で耳にする。僕もいくつかの盆踊りで揃いの衣装に身を包んだ若者グループが派手に踊りの輪を飛び回り、年配の踊り手たちが困惑している光景を目にしたことがある。

盆踊りにおけるコミュニティー内/外の関係性はどうあるべきか。SNS時代に入り、そうした問題がふたたび浮上しているともいえるだろう。

なお、鷲巣によると、開催情報をまとめたウェブサイトの管理人に対し、踊り手たちから多くの問い合わせが寄せられたという。情報をアップしている管理人たちは、あくまでもボランティア。自身の時間を削って情報を集めていたわけだが、問い合わせの対応までやるとなると明らかにオーヴァーワークだろう。その結果、こうした盆踊り情報サイトは現在では消滅してしまった。

3　被災地と盆踊り

一年に一度の再会の場所

東京電力福島第一原発の事故で町民が離散した福島県双葉町では、古くから伝えられてきた盆踊りが存続の危機に直面した。二〇一九年、そんな双葉町の盆踊り団体にフォーカスをあてたドキュメンタリー映画『盆唄』が公開された。監督は『ナビィの恋』や『ホテル・ハイビスカス』を手掛けた中江裕司。以前からハワイの盆踊りを追いかけてきた写真家の岩根愛が企画を立ち上げた。

『盆唄』のハワイでのシーン（©2018テレコムスタッフ）

本作の軸となるのは、盆踊り団体のリーダーであり、カリスマ的な太鼓奏者である人物だ。彼が率いる盆踊り団体は、震災以降伝統が途絶えつつある故郷の盆踊り唄「双葉盆唄」を後世へ伝えることを重要なミッションとしている。彼らは双葉町で悪戦苦闘の日々を送る一方で、福島からの移民が数多く住むハワイへと向かう。実はハワイでは日系人を中心に盆踊りが盛んに行われており、福島にルーツを持つ「フクシマオンド」という盆踊り唄も伝えられている。そのため被災地の盆踊り団体は「双葉盆唄」伝承のバトンをハワイの日系人に託すのだ。震災以降の世界で、私たちはいかに伝統を継承していくことができるのだろうか。そうした問いに対する回答をここに見ることができるだろう。

作品のクライマックスとなるのは、仮設住宅の一角で行われる盆踊り大会だ。各盆踊り団体が久々に再会し、唄と太鼓の腕を競い合う。『盆唄』という映画は、この感動的なラストシーンに向けて構成されているといってもいい。

本作で描き出されるのは、盆踊りが持つコミュニティーを結び直す力だ。一度離散してしまったコミュニティーがそれまでと同じ形で再生することはなかなか難しい。だが、盆踊りをきっかけとしてコミュニティーの人々が再会することはできる。ふたたび出会うことで、縁を保つこともできるはずだ。『盆唄』で描き出されているように、震災以降、そうした「再会の場所」としての盆踊りの意義が高まっているのだ。

芸能という「最後に残る生きる場」

東北は民俗芸能の宝庫といわれるが、『盆唄』の舞台となった双葉町を含む福島県浜通り地方もまた、数多くの芸能が継承されてきた地だ。二〇一八年の調査資料「東日本大震災後の福島県浜通り地方における民俗芸能の被災と復興の状況」に掲載された懸田《かけた》弘訓《ひろのり》の発表によると、福島県内には約八〇〇の民俗芸能団体があり、そのうち浜通り地方には四三〇団体が集中していたという。だが、そのうち六〇団体が津波で深刻な被害を受け、約六割が放射能汚染などによって継承・存続の危機に立たされた。

甚大な被害を被った芸能団体のなかには、震災から早々に復活を遂げた団体もいた。懸田の報告によると、数多くの犠牲者を出した福島県相馬市の原釜《はらがま》地区では、震災の翌年には津《つ》神社祭礼の芸能が復活。原釜同様に甚大な被害を受けた磯部地区でも、同じ年に寄木《よるき》神社の祭礼が再開されている。こうした神社の芸能のみならず、浜通り地方では田植踊《たうえおどり》や天狗舞《てんぐまい》など多くの芸能団体が復活を遂げた。

被災地の民俗芸能が早々に再開した原動力について、懸田は「根強い信仰と強靭な精神力」「ふるさとに対する愛着と強固な連帯感」「亡くなった方への感謝と慰霊の気持ち」という三つを挙げたうえで、四つ目に「祭りや芸能は単なる祖先から受け継いだ宝ではなく、『ふるさと』そのもの」でもある、という点を挙げている。調査資料から引用してみよう。


彼らにとってその芸能とは、まさに「ふるさと」であり、生きる場なのである。具体的にどういうことか一例を挙げると、相馬市磯部で神楽が復活したときに出かけて行ったが、その際、私と同年齢の女性がこうおっしゃった。その女性は家も財産もすべて失い、写真一枚出てこなかったという。そのうえこの神楽まで失ったら、何が残るのだろうか。これだけは無くしたくない、とのことであった。

単なる祖先伝来の神楽ではない。自分も多くを失ってしまった、集落も全滅してしまった、危険区域となり居住も認められないため移転を余儀なくされている。そうするとふるさとがなくなってしまう。最後に残る生きる場が、この神楽なのである。お祭りがあって神楽を行うので、皆が集まってこられる。そこでまたお互いの絆を深めることができる。その場が、この神楽なのである。

（「東日本大震災後の福島県浜通り地方における民俗芸能の被災と復興の状況」）

この言葉はとても重い。家も財産もすべて失った被災者が「最後に残る生きる場が、この神楽なのである」。だが、芸能が残っているうちはまだみんなで集まることができる。ここには民俗芸能が持つコミュニティーを結び直す力があるのだ。

復興公営住宅の盆踊り大会

震災から数年後、各地の復興公営住宅でも盆踊り大会が再開されるようになった。『盆唄』のクライマックスを飾っていた双葉町の合同盆踊り大会は、二〇一二年から二〇一七年まではいわき市南台《みなみだい》の南台応急仮設住宅で開催され、二〇一八年からはいわき市勿来町《なこそまち》酒井の復興公営住宅で行われている。主催は町民有志で構成される団体、夢ふたば人。

いわき経済新聞の記事「双葉町の伝統つなぐ　いわき災害公営住宅で盆踊り」では、夢ふたば人の代表による「〈避難先では練習できず〉一年に一回しか演奏できないので演奏後は相当疲れるが、楽しい」という発言が掲載されている。

岩手県大槌《おおつち》町の末広町では、二〇一六年に災害公営住宅が完成。朝日新聞デジタル二〇一八年八月一八日配信号の記事「『踊りすぎて体が痛い』災害公営住宅で初の盆踊り」によると、同住宅では自治会の結成に一年間かかるなど地域づくりに腐心したが、二〇一八年夏にようやく初の盆踊りを開催することができた。入居者の半数が高齢者世帯だが、盆踊りには里帰りした子供や孫のほか近隣の親子連れもやってきて賑わいを見せた。

福島県福島市北沢又《きたさわまた》の災害公営住宅、北沢又団地では、浪江町《なみえまち》出身者が入居者の八割を占める。こちらも高齢者が多く、入居者は普段から引きこもりがちだという。そのため、集会所が地域住民にも開放され、町内会活動や学習会、歌謡教室が開催されている。この北沢又団地での盆踊りは二〇一八年よりスタート。河北新報の記事「〈福島第1原発事故〉夏祭りがつなぐ住民交流　福島・災害公営住宅『北沢又団地』」のなかで、北沢又地区町会連合会会長は「普段の交流が祭りの盛況につながった。団地住民には仮住まいの人、永住を決めた人などさまざまいるが、同じ地区住民として垣根のない交流を続けていきたい」と語っている。

このように災害公営住宅の盆踊り大会は公営住宅に住む人々とその親族の交流の場となっているだけでなく、近隣住民との触れ合いの場ともなっているようだ。

なお、被災地の盆踊りによる地域づくりという意味では、非常に意義のある活動を続けているのが河北新報グループ（宮城県仙台市）の「やりましょう盆踊り」プロジェクトだ。震災の翌年から始まったこのプロジェクトでは、震災によって開催できなくなった盆踊りを支援しており、地元企業からの協賛をもとに、浴衣や機材などを準備して開催をサポートしている。現在では被災地だけでなく、幅広い地域を支援しており、盆踊りを通じた地域コミュニティーの再生を試みている。

4　盆踊りと移民

埼玉県川口市芝園団地――移民大国の縮図

近年の日本は、人口減と少子高齢化による人手不足を背景に、外国人労働者を積極的に受け入れてきた。二〇一五年には外国人移住者の流入数が前年比約五万五〇〇〇人増の約三九万人を記録。前年五位の韓国を抜き、ドイツ、アメリカ、イギリスに次ぐ世界第四位の移民大国ともなった。

二〇一九年六月の段階における在留外国人数は、法務省の調査によると二八二万人強。二〇一九年四月には外国人労働者の受け入れを拡大することを目的とする入管法改正案が施行され、五年間でさらに約三四万五〇〇〇人の受け入れ増を見込んでいるという。

そうしたなかで外国人住人の占める割合が急増しているのが、各地の住宅団地だ。大島隆『芝園《しばぞの》団地に住んでいます』によると、かつて日本住宅公団（現在のUR都市機構）の賃貸住宅には日本人しか入居できなかったが、一九八〇年には永住資格を持つ外国人の入居が可能となり、一九九二年からは中長期の在留資格を持つ外国人の入居が認められるようになった。

外国人が賃貸住宅に入居する場合、保証人の存在が高いハードルとなるが、URの住宅団地は一定の収入があることを証明できれば保証人がいなくても入居可能である。そのため、九〇年代以降、そうした団地の一部で外国人が急増し、多国籍化が進行したという。

そして、そんな多国籍団地でも盆踊りや夏祭りが開催されてきた。移民大国となった日本における盆踊りの役割とはなんだろうか。先に挙げた大島隆の著作を紐解きながら、芝園団地（埼玉県川口市）の事例を取り上げてみたい。

芝園団地では一九七八年から住民の入居が始まった。都心までのアクセスもいいことから、完成当初は入居にあたって抽選が行われるほどの人気だったというが、八〇年代に入ると入居数は減少。次第に住民の高齢化が進行していった。完成当時に入居した第一世代は現在、すでに七〇歳以上となっている。

この団地には現在、二五〇〇世帯五〇〇〇人弱の人々が住んでおり、その半数を外国人住民が占めている。中心となるのは二〇代から三〇代の若い中国人だ。IT技術者が多くを占めるが、孫の子守のために中国から一時的に日本にやってくる高齢者もいるという。

この芝園団地でも外国人住民が一〇〇〇人を超えた二〇〇〇年代半ばから住民間のトラブルが頻発するようになった。原因の多くは中国人住民がゴミ出しの分別ルールを守らなかったこと、あるいは騒音問題。ただし、これはあくまでも生活習慣の違いに過ぎない。たとえば中国では夜涼しくなった頃合いを見て外で子供たちを遊ばせる風習があるが、芝園団地では早く寝床に入る日本人高齢者も多いことから「中国人の子供たちがうるさい」という苦情が日本人の住民から寄せられるようになった。

大島によると、芝園団地の場合、中国人が増加したからといって犯罪件数が増えたわけではなかったという。「多国籍化が進むと団地の治安が悪化する」なんてことがよくいわれるが、少なくとも芝園団地ではそんなことはなかったのだ。

ただし、住民間の目立ったトラブルがなくなった現在においても、日本人住民と中国人住民の間には断絶があるようだ。そもそも高齢者中心の日本人世帯と単身者も多い二〇～三〇代中心の中国人世帯とでは、世代がだいぶ違う。これだけ世代が違えば、日本人同士であっても多少の断絶は起こりうるだろう。

団地内には中国人営業の飲食店や商店もあり、中国からやってきた人々は団地内の日本人と一切関わらずとも生活を送れてしまうということも大きい。加えて中国人住民はある程度の期間で引っ越してしまうケースが多いため、地域との結びつきを作ることに必ずしも積極的ではないという。

そのことを証明しているのが、自治会に加入している世帯の少なさだ。団地が完成した当初は住民のほとんどが自治会に入っていたが、大島によると、二〇一七年の段階で自治会に入っている世帯は四七〇世帯。そのうち外国人はわずか二三世帯に過ぎないという。そもそも中国には自治会の風習がないというのだから、関心が低いのも致し方ないのだろう。

「私たちの場所」という帰属意識を育むために――芝園団地ふるさと祭り

その一方で、芝園団地では共生のためのさまざまな取り組みが進められてきた。

現在、敷地内の掲示板に張り出される注意書きは日本語と中国語が併記されており、以前は問題となっていたゴミ出しの分別もかなり改善されたという。二〇一三年からは日中の住民の交流を目的とする「ニーハオ芝園フェスタ」が商店会の主催によって開催。二〇一五年には、このイヴェントに参加した大学生を中心とするボランティア団体「芝園かけはしプロジェクト」が立ち上げられ、定期的に交流イヴェントを開催している。

この団地最大のイヴェントは自治会主催の「ふるさと祭り」だ。住民の数も多かった一九八〇年代のふるさと祭りは大変な賑わいだったという。大きな櫓が立ち、その周りは第二次ベビーブーム世代の子供たちが取り囲んだ。時代はアニソン音頭全盛期である。その盛り上がりはさぞかし凄まじかったことだろう。

だが、高齢化の影響は賑やかだったふるさと祭りにも少しずつ影を落としていく。そもそも大きな櫓を組む作業は高齢者には重労働だ。自治会の人数が減少すると同時に祭りのスタッフも少なくなり、準備や後片付けの負担は数少ない高齢のスタッフにのしかかった。自治会では毎年祭りの終了が話し合われるが、それぞれに祭りに対して思い入れがあるため話がまとまらない。結局、二〇一九年にはふるさと祭りの目玉であった大きな櫓が解体され、小さな櫓を隣のマンションから借りてくることでひとまず継続が決定された。

祭りには中国人住民も遊びにくるが、彼らが祭りの準備や撤収に関わることは少ない。大島によると「ふるさと祭りは、日本人住民が準備をして中国人住民が楽しむものに変わりつつあった」そうで、そこに「もやもや感」を抱える日本人住民も少なくないという。

そして、その「もやもや感」の背景にあるのが、「自分たちの場所に中国人が入り込んできたことによって、少数派となった自分たちがないがしろにされている」という日本人住民の思いである。大島はそこにアメリカ中西部や南部におけるトランプ支持層の拡大を支えたもの、すなわち「自分たちの取り分を移民たちが奪っている」という排外主義の萌芽を見ている。

芝園団地ふるさと祭り（2017年8月20日、提供：朝日新聞社）

芝園団地に限ったことではないが、日本でも外国人労働者が日に日に増えていく現状に対し、不満や不安を抱える人々は少なくない。そこにははっきりとした対立があるわけではないが、確かな分断がある。そうした分断状態において、盆踊りや祭りはいったい何ができるのだろうか？――この問いもまた、現代の盆踊りにおける重要なテーマのひとつといえる。大島もまた、このように自問している。

そもそも私たちはなぜ、祭りをするのだろ

うか。

　地域のため、子供たちのため、一緒に何かをすること自体が楽しいから……。そこにはさまざまな理由があるが、すべてに通じる前提がある。単に「住んでいる」だけではない、「私たちの団地」という帰属意識であり、その中でのつながりだ。

（大島隆『芝園団地に住んでいます』）


　大島のいう「私たちの団地という帰属意識」とは、本書のなかで何度も出てきた概念としての「ふるさと」とも一致する。異なる出自を持つ住民のなかに共通する「ふるさと」を育むこと。それは決して簡単なことではないが、今や世界第四位の移民大国となった日本という国は、海外にルーツを持つ人々や海外からの移住者も含む新たな「ふるさと」のかたちを考える必要があるのだ。

　そのなかでは盆踊りや祭りの形態自体も変容を迫られていくだろう。芝園団地の例を考えてみれば分かりやすいが、ＩＴエンジニアをやっている二〇代の中国人にとっては、「炭坑節」や「東京音頭」のような一〇〇年近く前の日本の曲は少々ハードルが高い。では、日本人・中国人住民が共に参加したくなるような祭りとはどんなものだろうか？　それもまたひとつの課題といえる。

なお、芝園団地では防災訓練の際、日本と中国の住民が協力する場面が見られるほか、テニスなどのスポーツクラブに少数の中国人住民も参加しているという。そのように協力し合って地域活動を行い、少しずつ「私たちの場所」という意識を育てていくことでしかコミュニティーの分断を超える方法はない。そして、そこにはまだ盆踊りや祭りの役割が残されているはずだ。

神奈川県横浜市・大和市いちょう団地——もうひとつの多国籍団地

関東近郊の多国籍団地のなかでも芝園団地と並んでメディアに取り上げられる機会が多いのが、神奈川県横浜市泉区と大和市にまたがる県最大の県営住宅、いちょう団地だ。

一九七一年に入居が始まったこの団地が多国籍化したのは八〇年代以降である。一九八〇年二月、団地からもほど近い神奈川県大和市南林間《みなみりんかん》に大和市定住促進センターが開設され、同センターで南ベトナム共和国崩壊によって難民となったインドシナの人々（ベトナム人、ラオス人、カンボジア人）を受け入れた。その後、この施設を退所した人々の一部がいちょう団地に入居し、そうした入居者が親類縁者を本国から呼び寄せたことで、さらに外国人住民が増加した。また、一九七二年の日中国交正常化以降、日本に帰国した中国残留孤児とその家族の入居も続いた。現在では全住民のうち約二割を、外国人および他国にルーツを持つ人々と中国残留孤児の家族が占める。一番多いのは中国系で、ベトナム人とカンボジア人が続く。

そんないちょう団地の暮らしについて話してくれたのは、二〇一六年末にこの団地へ越してきた寺田洋介さん・香代子さんご夫妻だ。二人はいちょう団地に住み始めた経緯をこう話す。

「僕らはもともと横浜に住んでいたんですけど、東日本大震災のあと、移住を考えていたんですね。高い家賃を払い続けるのもどうなんだろう？　という気持ちもあったし、映画『サウダージ』を見て、外国人が住んでいる団地のことを意識したこともあって、いちょう団地に住んでみようと思ったんです」（寺田洋介さん）

「日本も今後移民がどんどん増えていくだろうし、さまざまな国籍の人たちとうまくやっているところで子供を育てたほうが、これからのことを考えるといいんじゃないかとも考えていました」（寺田香代子さん）

同じ多国籍団地といっても、芝園団地といちょう団地の住民構成はかなり異なる。日本人住民の多くが高齢者である点は変わらないが、二〇～三〇代の中国人が多い芝園団地に対し、いちょう団地は中国残留孤児やその子孫が多く、中国系住民のあいだでも高齢化が進んでいる。また、いちょう団地は入居にあたっての所得制限があり、住民は低所得者のみである。若い外国人住民の多くは神奈川県内の工場で働く労働者で、芝園団地のようにＩＴ産業に従事する若者は皆無だ。

そう聞くと、たびたびメディアで取り上げられる「高齢化し、スラム化する団地」のイメージを持つかもしれないが、寺田さんご夫妻は口を揃えて「治安が良くて驚きました」と話す。

境川の両岸に位置するいちょう団地（撮影：大石慶子）

「ネット上でいちょう団地のことを検索すると『治安が悪い』と出てくるんですけど、自然も豊かで環境もいいし、本当に穏やかなところなんですよ」（寺田洋介さん）

芝園団地と大きく異なるのは、いちょう団地には日本人住民・外国人住民ともに子育て世代が一定数住んでおり、子供を通じたコミュニケーションがそれなりに行われているという点だ。寺田さんご夫妻も娘さんのクラスメイトである外国人家庭の誕生日会に招かれるなど、決して頻繁ではないものの交流があるという。

また、いちょう団地には日本生まれの二世・三世もいる。彼らの一部は母国語よりも日本語のほうが堪能であり、親がほとんど日本語を話せない場合、親子のあいだでコミュニケーションを取りにくくなるケースもある。そのため、いちょう団地ではそうした二世・三世に母国語を教える語学講座も行われているという。いちょう団地の住民はそのように「外国人住民」とひとくくりにできないほど多様で、その点もまた「日本人住民／中国人住民」という明確な図式がある芝園団地とは異なる。また、いちょう団地ではそのように多様な住民の共生のため、多文化まちづくり工房や自治会が主導する交流会が以前から行われており、そうした地道な活動がコミュニティーの土台となっている。

いちょう団地祭り――子供たちが「ふるさと意識」を育む

そんないちょう団地が一年で一番盛り上がるのが、毎年一〇月に行われるいちょう団地祭りだ。主催はいちょう団地連合自治会。多国籍団地らしいさまざまな演目が二日間にわたって繰り広げられる。

初日はカラオケ大会や御陣乗太鼓《ごじんじょだいこ》、歌謡ショウが披露されるほか、大人神輿の練り歩きも。日が暮れるとあちこちでゲリラ的にダンスタイムが始まるのもこの祭りの特徴だ。ポータブルのスピーカーでカンボジアのダンス音楽を鳴らし、気ままに踊る光景はさながらホーム・パーティーのようで、時にはその輪に通りすがりの日本人が加わることもある。

「多文化共生交流会」と銘打った二日目は、アジアのさまざまの国の踊りや歌が披露される。中国獅子舞が賑やかに舞い、カンボジアの伝統舞踊であるロアム・ボンでは伝統衣装を着たカンボジアの男女が優雅に身体を揺らす。この日は「炭坑節」をみんなで踊る盆踊りタイムもある。踊りの輪のなかにカンボジア人が混ざったり、カンボジアのダンスに日本人が飛び入りしたりと、踊りを通して日本/カンボジアのコミュニティーが少しだけ混ざり合う。

いちょう団地祭りで踊る人たち（2019年、撮影：大石慶子）

いちょう団地祭りのもうひとつの目玉は、通りを埋め尽くす国際色豊かな屋台だ。ベトナム料理やカンボジア料理、中国料理に加え、いちょう団地連合自治会による焼きそばやたこ焼きなどお馴染の屋台も並ぶ。以前は寺田さん一家も出店したことがあり、子供たちで大賑わいだったという。

「毎年祭りの時期になると、『団地祭りに出店しませんか』と回覧板が回ってくるんですよ。僕は光るおもちゃを売って、奥さんはマッサージ屋をやりました」（寺田洋介さん）

「みんなお酒が入っているので、それまできちんと話せなかった娘のママ友ともざっくばらんな話ができたりと、祭りの場だからこそできることもありますよね。あと、祭りの時だけは親から離れて友達と一緒に団地のなかを走り回れるので、子供たちも本当に楽しみにしてるんです」（寺田香代子さん）

祭りの高揚感のなかでは、普段できなかった話もできる——これもまた、祭りの持つ力のひとつだろう。普段は日本人と中国人、ベトナム人のコミュニティーははっきりと分かれているが、団地祭りの際にはそれが少しだけ混ざり合うのだ。

なお、いちょう団地では入居の際、自治会への加入が条件づけられており、外国人住民も基本的には自治会に入っている。外国人が自治会の役員を務めることもあるそうで、そこもまた中国人住民のほとんどが自治会に入っていない芝園団地と異なるところだ。自治会主催の年間行事としては、いちょう団地祭りのほかに大掃除と防災訓練があり、この日も国を超えて参加することになっている。

住人同士は年に数回の年間行事で顔を合わせる程度に過ぎないが、こうした行事を通じて顔が見える関係が形成されていることは大きい。そのこともあってか、芝園団地の日本人住民が抱えているような「もやもや感」は、いちょう団地の住民はさほど持っていないようにも見える。

寺田さんご夫妻の話によると、いちょう団地に住む外国人住民のなかでも二世・三世になると、こんなアイデンティティーも構築されているという。

「団地祭りに出店したとき、いちょう団地キーホルダーを作ったんですよ。そうしたら子供たちが喜んで買っていったんですね。彼らはいまだに大事にしてくれているそうです」（寺田香代子さん）

「外国人家庭でも子供たちはいちょう団地に対して、ふるさと意識を持っているんですよ。団地にアイデンティティーがある。その一方で、子供たちはそれぞれに国籍意識があるんです。初めて会う子同士でも『俺、中国人。お前、何人？』と挨拶代わりに聞くんですよ。いちょう団地にアイデンティティーがあるんだけど、みんな一緒というわけでもないんですね」（寺田洋介さん）

そのように、いちょう団地では多様なルーツを超えた「ふるさと」が作り出されている。二世・三世の子供たちの心のなかにふるさと意識が育まれているのは、学校教育の場での取り組み、自治会や多文化まちづくり工房の地道な活動が大きいわけだが、いちょう団地祭りの力も無視できないだろう。きっと子供たちは、友人たちと走り回った祭りの日の光景を大人になってからも幾度となく思い出すはずだ。彼らのなかではいちょう団地祭りで体験したさまざまな出来事が、「ふるさと」のイメージと分かち難く結びついているのだ。

終章

アフター・コロナ時代の盆踊り——二〇二〇年夏に考える

盆踊りのない夏

新型コロナウイルスの感染拡大によってほとんどの盆踊りが中止になった二〇二〇年は、終戦以降の盆踊りの流れにおいても極めて異例な年だったといえよう。第二章で取り上げたように、戦中から戦後にかけても多くの地域で盆踊りが中断したが、感染症の流行によって全国的にほとんどの盆踊りが中止になるというのは前代未聞の事態だ。

国内で新型コロナウイルスの感染による初の死亡者が出た二〇二〇年二月の段階では、数か月のうちには感染拡大も落ち着くだろうという楽観的な見方もあった。だが、感染者数はみるみる増加。ヨーロッパや南北アメリカでの惨状が伝えられるころには、夏の盆踊りや祭りも次々に中止が発表された。当初は「とはいえ、何箇所かはやるところもあるだろう」と高を括っていた盆踊り仲間も、野外の音楽フェスティヴァルなどあらゆる商業イヴェントが中止され、人が集まること自体が困難となった初夏には完全に諦めモードとなった。

盆踊りや祭りを観光コンテンツとして押し出し、地域経済の核と位置づけていた地域の経済的ダメージは甚大なものだった。多大な損失を被ったのは主催団体だけではない。多くの観光客が宿泊をキャンセルした宿泊施設のなかには廃業を迫られるところもあったように、その影響は祭りに関わるあらゆる業種に飛び火した。かねてより一部の祭り・盆踊りがあまりにも商業イヴェント化しすぎていることが問題視されてきたが、その弊害が浮き彫りとなった形だ。また、コロナ禍以前から地方経済の衰退に引っ張られるように赤字経営を余儀なくされる盆踊りや祭りが増えていたが、今後はコロナ禍による経済的ダメージがとどめとなって、存続自体が不可能になるところも出てくるだろう。

盆踊りの中断はそうした経済面での損失から語られることが多いが、言うまでもなく、これは地域文化にとっての危機でもある。盆踊りについてはライヴハウスのように新型コロナウイルスの感染防止ガイドラインがはっきりと定まっていないため、主催・運営団体の多くは「今年の夏はとりあえず休むか」という消極的な判断を下した。だが、新型コロナウイルスへの感染リスクは数年におよぶ可能性があるわけで、二〇二〇年の夏を乗り越えたところで翌年以降に再開できる保証はどこにもない。保存会組織によって継承されている伝統的な盆踊りはこの危機的状況を乗り越えようと必死だが、本書で取り上げてきたような自治会・商店街主催の盆踊りの場合、「余計なリスクを抱えるぐらいであれば、これを機にやめてしまおう」と判断するところも出てくるのではないだろうか。

「オンライン盆踊り」の試み

その一方で、「盆踊りのない夏」を憂う関係者のなかからは、インターネットを使った盆

鳳蝶美成のWEB盆踊り（2020年5月6日）

踊りを企画するものも出てきた。YouTubeやZoomを使用して盆踊り動画をリアルタイムで配信し、それに合わせて自宅で踊るという「オンライン盆踊り」である。

こうしたオンライン盆踊りはいずれもリアルな盆踊りの代替案として始められたものだが、主催者側も思いもよらなかった、オンラインならではの可能性も浮かび上がった。

オンライン盆踊りにいち早く取り組んでいた中野駅前大盆踊り大会の鳳蝶美成は、地方や海外に移住した関係者や踊りのお弟子さんも参加できること、ZoomやYouTube Liveのチャット機能を使えば遠方に住む人ともリアルタイムでやりとりできることをオンラインの利点として挙げている。子育てや仕事の都合でリアルの盆踊り会場になかなか足を運べない人であっても、オンライン盆踊りであれば自宅から参加することもできる。

盆踊りからは離れるが、新型コロナウイルスの流行が祭りのあり方を変えた例も多い。大阪の天神祭は多くの観客が押し寄せる渡御行事や奉納花火を中止にする一方で、神事をインターネット配信したが、そのように普段はなかなか見ることのできない貴重な神事を誰もが観られるようになったのもコロナ禍以降の変化だろう。観光客を多数集める渡御行事を行わず、祭りの核となる神事だけを行うことで、祭りの本来の目的や意義があらためて浮かび上がったともいえる。

「ウィズ・コロナ」の暮らしにおいて徐々に音楽ライヴの配信が増えていったように、オンライン盆踊り／祭りも僕らの日常に馴染みつつある。一部のライヴハウスでは有料配信を行いつつ、現場でも限られた人数の来場も許可するという二段構えの興行も始まったが、今後、盆踊りや祭りにおいても現場での実演と配信が共存していく可能性はあるだろう。

とはいえ、ひとりの盆踊り愛好家としては、オンライン盆踊りに物足りなさを感じるのも正直なところだ。もちろんネットでの視聴体験はあくまでも仮想体験にすぎないわけで、そもそも物足りなさを感じるのも当然といえる。そんなことは主催団体も分かりきったうえで、オンラインという形を選択せざるを得ないことは重々承知しているつもりだ。

だが、オンライン盆踊りを見続けていて感じたのは、盆踊りの場とは、そもそも音頭と踊りだけで構成されているわけではないということだった。盆踊りの空間を形作っているのは、そこに漂うありとあらゆる情報——屋台に立つ売り子の威勢のいい声、来場者の笑い声や赤ん坊の泣き声、電車や車の行き交う音、櫓に張り巡らされた提灯、そこに描かれた協賛企業名などなど――であって、そこには街のノイズも含まれている。そうした雑多な情報が削ぎ落とされたオンライン盆踊りには、何かが決定的に欠けている気がしてならなかった。
僕はどこかにモヤモヤとしたものを抱えたまま、二〇二〇年の夏を迎えた。ここでそんな夏の光景をレポートしてみたい。

高輪ゲートウェイ盆踊り

二〇二〇年の八月は、いつのまにかやってきた。例年であれば七月あたりから各地の盆踊りを飛び回り、気付いたら夏が終わっていたという目まぐるしい日々を送っているところだが、盆踊りがないだけで夏がやってきたという実感がまったくない。年中行事とは季節の移り変わりを知らせる役割も持っているが、たとえ近所の団地でやっている盆踊りであっても、それらが季節の変化を伝えてくれていたことを再認識させられた。

お盆にあたる八月半ば、ＳＮＳではオンライン盆踊りに関するインフォメーションが次々に流れてくる一方で、東北の一部地域では鹿踊《ししおどり》やじゃんがら念仏踊りが奉納および供養の演舞を行っているという情報が関係者から入ってきた。僕はさまざまなオンライン盆踊りをハシゴしながら、先に書いたようなオンライン開催の意義について考えていた。

八月一四日には都内でほとんど唯一の開催となった高輪《たかなわ》ゲートウェイの盆踊り（東京都港

区）に足を運んだ。これはＪＲ東日本が主催するイヴェント「Takanawa Gateway Fest」の一環として行われたもので、会場となったのは二〇二〇年三月に開業したＪＲ山手線の新駅、高輪ゲートウェイ駅前の広場。盆踊りそのものを主催したのは、東京タワーのお膝元である芝公園で毎年盆踊りを開催している団体だ。

結局開催されることのなかった二〇二〇年のオリンピックを歌った「東京五輪音頭２０２０」が、新駅前のだだっぴろい空間に響き渡る寒々しい光景を僕は忘れることができない。おそらくこの盆踊りも一〇年、二〇年と続くなかで、地域の伝統となっていくのだろう。だが、僕は結局踊りの輪に加わることはなかった。

前章で触れた盆踊りブーム以降、企業や広告代理店が盆踊りのフォーマットを流用して企画した盆踊り風イヴェントが一気に増加した。多種多様な人々を集めることができて、協賛を募ることで収益化することもできるこうしたイヴェントは、東京オリンピックに向けた気運を盛り立てるうえでは都合が良かったのだろう。だが、新型コロナウイルスの感染拡大でそうしたイヴェントも軒並み中止された。

こうした広告代理店主導のイヴェントはコミュニティーとの結びつきがまったく見えないものがほとんどだが、団地や新興住宅街の素朴な盆踊りの場合、そこにはコミュニティーの気配や暮らしの匂いがどこかにするものだ。そして、そうした気配や匂いがあるかないかで、地域活動である盆踊りと経済活動であるイヴェントは区別される。

高輪から自宅のある東京郊外の駅に降り立つと、商店街が主催する盆踊りの中止を告げるチラシが電柱に貼ってあった。特に思い入れのある盆踊りではないものの、やはり中止となると寂しい。この街には一〇年以上住んでいるが、特定の地域活動に関わっているわけでもなければ、親や親戚が近くに住んでいるわけでもない。そんな僕にとって、商店街の盆踊りは一年で唯一、地域と接点を持つ機会でもあった。そのためか、盆踊りが行われないだけで自分が住む土地との繋がりが希薄になってしまったような気さえした。

全国から盆踊りが消えた二〇二〇年夏は、自分が盆踊りの空間に何を求めてきたのか、あらためて考えさせられる貴重な機会になったのだった。

なぜ私たちには盆踊りが必要なのか——さまざまな縁を結び直す場としての意義

盆踊りとはひと夏のイヴェントでもなければ、単なる観光コンテンツでもない。その目的が地域に与える経済効果だけではないことは、ここまでに繰り返し触れてきた通りだ。では、なぜ私たちは盆踊りの場を必要としているのだろうか？　本書でここまでに取り上げてきた事例を踏まえながら、これからの時代における盆踊りの意義について考えてみたい。

まず考えられるのが、ここまでに紹介してきたような「さまざまな縁を結び直す場」としての盆踊りの可能性だ。

都市部にせよ過疎地域にせよ、あるいは伝統的なものにせよ非伝統的なものにせよ、地縁集団のみで盆踊りを運営するのは今後ますます難しくなっていくのは間違いない。そうしたなかで地域を出ていった子供や孫たちだけでなく、その地域と何らかの縁で結びついた人々や盆踊り愛好家など、遠方に住む人々も巻き込みながら新たなる縁を作り出す場所として運営組織を再編成する必要が出てくるだろう。そこでは多種多様なサポーターのあいだに共通の「ふるさと」像を作り出し、「私たちの場所」という帰属意識を育てることが重要になってくるはずだ。

津軽半島の先端に位置する青森県東津軽郡今別町大川平《いまべつまちおおかわだい》では、荒馬《あらま》踊りという郷土芸能が続けられている。若者たちが都市部に働きに出るようになって以降、この荒馬踊りも担い手不足に悩まされてきた。だが、二〇〇〇年代に入って以降、関西や東海の民族舞踊サークルの学生たちがやってくるようになり活性化した。現在では県外の学生たちなくしては祭りが成り立たなくなっている。

この荒馬踊りはかつて大川平の周辺地域でも行われていたが、他の地域では大川平のように外部の愛好家を積極的に受け入れなかったこともあって、その風習は途絶えてしまった。外部を受け入れるか／拒絶するか。どちらが正しい選択か一概には言えないが、少なくとも大川平では外部を受け入れることによって伝統が継承されたわけだ。
また、大川平にやってくる民族舞踊サークルでは先輩から後輩へとその伝統が受け継がれていることに加え、学生たちと地域の老人たちは荒馬踊りというひとつの芸能を通じて強く結びついている。持続可能な交流のネットワークが形成されているのだ。

離れた地域のあいだに交流のルートを作り、活力を失いつつある芸能を活性化させてきた大川平の方法論は、先に紹介した岐阜県旧徳山村の徳山おどりや、福島県双葉町とハワイの住民が協力して継承しようとしている盆踊り文化とともに、過疎地における伝統継承を考えるうえで学ぶことの多い事例といえるだろう。盆踊りに関心がある外部と緩やかに繋がり、しがらみが少ないコミュニティーを作る。そこでは「私たちの場所」という帰属意識が確かに育まれている。それはたとえ「アラレちゃん音頭」が流れる非伝統的な盆踊りであっても、有効な方法といえるのではないだろうか。

また、各地域に育った子供たちにとっては、盆踊りや祭りに関わることによって「地元に残る」という選択肢が生まれることもある。実際、僕の友人のなかには一度都心に出たものの、祭りへの思いが諦めきれず、結局地元に帰ったという人物もいる。

郷土芸能や祭りの保存振興を目的とする団体「全日本郷土芸能協会」の小岩秀太郎は、アフター・コロナ時代の地域と祭りの関係性についてこう力説する（インタヴュアーは大石）。

郷土芸能や祭りってお金を生み出すこと以前に、次の世代が「やりたい」と思えるものにしないといけないと思うんです。子供や若い世代が「この地域をなんとかしたい」と考えるきっかけのひとつに（祭りや芸能が）なったらいいし、そういう思いを持つことによって若い世代が「地域に残る」という選択をすることもあると思うんですよ。

（CINRA「もう一度私たちが集まれるように。祭り、盆踊り開催の行方」）

死者と生者の交流の場としての意義

もうひとつ、僕は生者と死者の交流の場としての盆踊りの意義が見直されていくのではないかとも思っている。

日本では長年コミュニティーを支えてきた地縁社会が崩壊し、年間で推計三万人が孤独死する無縁社会に突入している。新型コロナウイルスの感染拡大によってリアルな場でのコミュニケーションが制限され、これまで以上に人と人の関係が希薄となるなかで、無縁社会化がさらに加速する恐れもある。

仏教学者の蒲池勢至《がまいけせいし》によると、家と不可分に結びついてきた墓も近年無縁化が進んでおり、守る子孫のいない無縁墓が急速に増えているという。蒲池は「今後、先祖霊という観念と信仰は希薄になり、死霊と無縁霊だけになっていくともみられます」と書いている（『お盆のはなし』）。そうしたなかでは生者と死者が交わる場所や機会も失われていくだろう。

盆踊りとはもともと祖霊供養の行事を原点のひとつとしている。そこでは生者と死者がともに踊り、踊りを通じてひとときの再会を喜ぶ。「ダンシング・ヒーロー」や「バハマ・ママ」の鳴る盆踊りにそうした原点を取り戻すこと。それもまた無縁社会の進む現代日本における盆踊りの意義かもしれない。いずれディスコや歌謡曲で盆踊りを踊ってきた私たち世代もあちら側へ行くことになる。せっかくお盆に帰ってきても念仏歌ばかりでは退屈だろう。

少々余談となるが、現代の日本人は案外、霊的存在に対して意識が高いような気もしている。これはオカルトや怪談の話ではない。読売新聞社が二〇二〇年春、「人の迷惑も考えないで自分勝手なことをしたり、残酷なことをしたりする人について、『バチ』があたるということがあると思うか／ないと思うか」という世論調査を実施したところ、意外にも「あると思う」と回答した人は七六パーセントに上り、「ない」の二三パーセントを大きく上回った。同様の調査は一九六四年一二月にも行われたが、その際は「ある／ない」がほぼ同数だったという。

私たちは上の世代のほうが自分たちよりも信心深いのではないかと考えがちだが、この調査によると、必ずしもそうではないようだ。高度経済成長期の日本では伝統的な風習の一部が「古臭いもの」として途絶えたが、その背景には、当時急速に拡大していた都市部〜郊外を中心に、「自分勝手なことをするとバチがあたる」という概念を前時代的な迷信とする風潮があった。この調査記録はそのことを裏づけるものであると同時に、現代日本人のほうが「神仏の懲らしめ」を信じていることを表している。

女性ファッション雑誌であるCanCamが二〇一五年に「死んだらどうなると思いますか?」という読者調査をしたところ、「無になる」という回答が四五パーセント、「死後の世界へ行く」が一五パーセント、「生まれ変わる」が一〇パーセントという結果が出たという。この調査でも死後の世界の存在や転生輪廻《てんしょうりんね》を信じる層が一定数いることを証明している。

そう考えていくと、盆踊りに「生者と死者が交わる場所」という原点を取り戻すのは、それなりのリアリティーのあることではないかと思うのだ。

アップデートされる盆踊り——愛知県東海市の「無音盆踊り」

ここまでに見てきたように、戦後の盆踊り文化とは社会の変化に適応するかたちで変容を重ねてきた。いわば現代社会の諸問題に合わせたアップデートが行われてきたわけだ。

盆踊りは古くから騒音問題に直面し、時には中断や中止が迫られてきたが、現在の都市生活において騒音問題はさらにシビアになっている。マンションに入居した新住民からしてみると、古くから続けられている伝統だか何だか知らないが、関心のない盆踊りを自宅の目の前で夜遅くまで続けられるのはたまらない。だが、盆踊りを続けてきた住民はこう思う。一年に一度なんだから、それぐらい大目に見てくれ、そもそも後からやってきて地域の風習に余計な口を挟むな――。

騒音問題はそうした新住民と旧住民の対立として現れることが多いが、「だったら無音の盆踊りを考案してしまえばいいじゃないか」という人たちが現れた。それが二〇〇九年から愛知県東海市大田町で行われている無音盆踊りだ。この盆踊りではＦＭトランスミッターで会場内に電波を流し、携帯ラジオでそれを受信しながら踊る。流れる楽曲自体は「炭坑節」や「ダンシング・ヒーロー」といったスタンダードだが、無音のなかイヤホンをつけた踊り手たちが黙々と踊る光景は少々異様ではある。しかも踊りの輪ごとに異なる楽曲を流すことも可能だったりと、そこには盆踊りの新たな可能性がある。この無音盆踊りは実際に住民からのクレームがあったことから発案されたわけではないようだが、騒音問題を抱える地域には有効なアイデアでもあるだろう。

各地域の風習・物語を音頭にする試み

盆踊りという場から新たな表現が生み出されるケースも増えている。

東日本大震災以前からさまざまなアート・プロジェクトと関わり、各地域をテーマとする音頭を作詞作曲してきた現代音頭作曲家、山中カメラの試みもそのひとつだ。彼は音頭を新たに創作する際、最低一か月はその土地で暮らし、住民たちとコミュニケーションを取るなかで得られたものを楽曲に反映しているという。都市部ならともかく、高齢者中心の地域によそ者がいきなりやってきて「これがあなたの地域の新しい盆踊り歌です」と持ち込んだところで、それが受け入れられることはまずない。フィールドワークを通して地元の住民たちと地道な交流を重ね、そうした交流のなかからその土地固有の風習と物語を読み取り、そこから新たな歌を産み落とすこと。創作の段階においても、地域の縁をうまく活かした関係づくりが重要となるわけだ。

以前山中にインタヴューした際、彼はこう話していた。

　自分たちの住んでいる地域のアイデンティティーとしての音頭が必要とされていると思うんですね。どこの地域でも中央で作られたものをそのまま受け取って踊るのではなく、地域から自分たちで発信するものが必要とされているのではないかと思います。

（大石始「マツリ・フューチャリズム」※一部加筆修正）

地元の住民たちと踊る山中カメラ（提供：山中カメラ）

山中が言うように、すべての地域で「ダンシング・ヒーロー」や「バハマ・ママ」で踊る必要はなく、地域のアイデンティティーと密接に結びついた形で独自の音頭が作られることが理想といえるだろう。とはいえ、これまでのご当地音頭のように地元の名産品や観光名所を歌詞に織り込み、三味線を配した和風アレンジの曲だけが音頭ではない。山中が作り出している現代音頭は、ポップス的なアレンジが自然と施されながらも、各地域固有の風習と物語が巧みに織り込まれている。こうした現代音頭の創作が各地で始まったとき、そこには新たな活気が生まれるはずだ。

また岡山県高梁《たかはし》市有漢町《うかんちょう》でも興味深い試みが行われている。この町では地元の義民を題材とした「長蔵《ちょうぞう》音頭」が歌われていたが、二〇〇〇年代に入りその風習は途絶えた。だが、地域おこし協力隊として同地に赴任した土生《はぶ》裕《ひろし》がこの「長蔵音頭」に着目。調査を始めると、二〇一七年夏には有漢町で開催された納涼祭で再構築した「長蔵音頭」を初披露した。さらには土生のアレンジによって新たにレコーディングされた音源がCD化されたことで、「長蔵音頭」はコミュニティーを超えて広く知られるようになった。土生はもともとミュージシャンとして都内で活躍していたこともあって、新しくレコーディングされた「長蔵音頭」には現代の音楽としての確かな魅力があった。地域の文化遺産を掘り起こすだけでなく、新しい魅力を創造すること。そうした作業が今後ますます重要になってくるだろう。

新型コロナウイルスの感染拡大以降、人口密度の高い都市部から地方へと人の流れが加速するのではないかともいわれている。東日本大震災以降、東京在住の友人たちがこぞって地方へ移住し、各地域で新たな地域文化を生み出しつつあるため、「都市から地方へ」というベクトルの変化は肌身で感じているところでもある。そうしたなかで「ふるさと」という概念やイメージもまた再編され、地域における盆踊りの役割もさらに変容していくだろう。

私たちはいま、時代の分岐点にいる。これからの世代のためにどのような「ふるさと」を創造し、どのような盆踊りの場を作っていくことができるのだろうか。

あとがき

「はじめに」でも書いたように、僕には「ふるさと」といえる場所がない。ただし、さまざまな盆踊りを通じ、各地に「もうひとつのふるさと」を持っている。生まれた場所とは別に愛着のある場所をもうひとつ、あるいはいくつか持っていること。そのことによって、僕の人生はとても豊かなものになった。帰るべき場所のないまま関東の郊外で暮らしてきた僕にとって、盆踊りは救いの場でもあった。

盆踊りは人と人を結びつけ、人と土地を繋ぎ直す。ひとつの踊りの輪のなかで共に揺れ、同じリズムを共有することで得られる感覚。それは「誰かと生きている」という安堵感と繋がるものでもあるだろう。そこには自分が決して孤独ではなく、コミュニティーの一部であるという確かな実感がある。小学生のころの僕は、集会所の広場で行われている盆踊りを通して、そうした感覚を無意識のうちに育んでいたのかもしれない。

盆踊りはコロナ禍以降の世界で生き残ることができるのだろうか。執筆を進めるなかで、本書を書き始めた当初は想定もしていなかったそんなテーマと向き合うことになった。

あとがきを書いているこの段階になっても、その問いに対する明確な答えは出ていない。戦災や度重なる震災を潜り抜けてきた伝統的な祭りであっても、新型コロナウイルスの前では中止を余儀なくされ、伝統の継承を諦めてしまった保存会も出始めている。

では、無形文化財としての価値を見出されることもない手作りの盆踊りは、今後どうなっていくのだろうか。いつのまにか復活を遂げ、何事もなかったかのように夏の地域イヴェントとして賑わいを取り戻しているような気もするが、そのとき広がっている光景は、ひょっとしたら僕らが知っている盆踊りとは別のものになっているのかもしれない。

戦後の盆踊り史とは「ふるさとの喪失と創造」の歴史でもあった。創造された「ふるさと」は、多種多様な人々がふたたび出会う「再会の場」ともなってきた。芸能や盆踊りが続けられるかぎり、私たちはもう一度会うことができるはずだ。

取材にご協力いただいたすべてのみなさま、本書の実現のために動いてくださった筑摩書房の河内卓さんに心から感謝しております。またあの踊りの輪のなかでお会いしましょう。

二〇二〇年八月、東京にて

大石始

参考文献

第一章

井出幸男・公文季美子『土佐の盆踊りと盆踊り歌』高知新聞社、二〇〇九年
伊東佳那子・來田享子「盆踊りの禁止と復興に関する歴史的研究――岐阜県郡上おどりを事例に」『笹川スポーツ研究助成研究成果報告書』二〇一七年
稲垣恭子「若者文化における秩序と反秩序――盆踊りの禁止と復興をめぐって」稲垣恭子・竹内洋編『不良・ヒーロー・左傾――教育と逸脱の社会学』人文書院、二〇〇二年
ヴェンセスラウ・デ・モラエス『徳島の盆踊り――モラエスの日本随想記』岡村多希子訳、徳島県文化振興財団、二〇一〇年
大石始『ニッポン大音頭時代――「東京音頭」から始まる流行音楽のかたち』河出書房新社、二〇一五年
岡満男『日本の女性――明治・大正・昭和の百年』大和書房、一九六六年
刑部芳則「東京音頭の創出と影響――音頭のメディア効果」『商学研究』第三一号、二〇一五年
金巻鎮雄編『正調北海盆踊りと旭川夏まつり――正調北海盆踊保存会史』正調北海盆太鼓保存会、二〇〇六年
川村邦光『写真で読むニッポンの光景100』青弓社、二〇一〇年
小寺融吉『郷土舞踊と盆踊』桃蹊書房、一九四一年
西条八十『あの夢この歌――唄の自叙伝より』イヴニングスター社、一九四八年
佐藤多紀三「新舞踊運動の思想」『舞踏學』第一八号、一九九五年
下川耿史『盆踊り――乱交の民俗学』作品社、二〇一一年
高木兼寛「盆踊りは大に奨励すべし」『実業之日本』一九一四年八月号
辻田真佐憲『たのしいプロパガンダ』イースト新書Q、二〇一五年

永井荷風『濹東綺譚』岩波文庫、一九七二年
西形節子「新舞踊運動時代の作品紹介」『舞踏學』第一八号、一九九五年
町田佳聲監修『東京の古謡』コロムビアレコード、一九六四年
三島わかな「地域の音文化は電波に乗って――戦前のラジオ番組にみる沖縄イメージ」久万田晋・三島わかな編『沖縄芸能のダイナミズム――創造・表象・越境』七月社、二〇二〇年
三好昭一郎『徳島城下町民間藝能史論』モウラ、二〇〇六年
吉田三郎『男鹿寒風山麓農民手記』アチックミューゼアム、一九三五年
渡辺裕『サウンドとメディアの文化資源学――境界線上の音楽』春秋社、二〇一三年
「流行歌「東京音頭」はナゼ流行したか」『サラリーマン＝The salaried man：経済評論誌』一九三四年二月号
石原佳樹「青年団の活動で消滅――若者の男女交際の場「娘宿」」三重県ウェブサイト
https://www.bunka.pref.mie.lg.jp/rekishi/kenshi/asp/hakken2/detail.asp?record=399

第二章

阿波踊り情報誌『あわだま』編集部編『流儀伝承――阿波踊り人の矜持』其の一、猿楽社、二〇一二年
伊野義博「新潟盆踊りのたどった道――〈うた〉の有り様の変容」『新潟大学教育学部研究紀要　人文・社会科学編』第二巻第一号、二〇〇九年
金巻鎮雄編『正調北海盆踊りと旭川夏まつり――正調北海盆踊保存会史』正調北海盆太鼓保存会、二〇〇六年
佐々木登『サロベツ原野――わが開拓の回顧』「サロベツ原野」刊行会、一九六八年
札幌の歴史を楽しむ会『さっぽろ・大通』新北海道教育新報社、一九八一年
全関東河内音頭振興隊編『日本一あぶない音楽――河内音頭の世界』ＪＩＣＣ出版局、一九九一年
袖井林二郎・福島鋳郎編『マッカーサー――記録・戦後日本の原点』日本放送出版協会、一九八二年
薗田碩哉「厚生運動の研究――『厚生の日本』誌の記事分析を通じて」『Leisure & recreation＝自由時間研究』第三号、一九八九年

千歳市史編さん委員会編『新千歳市史 通史編 上巻』千歳市、二〇一〇年
手島廉幸「マスツーリズムの歴史的変遷と今後の行方――マスツーリズムに終焉はない」『日本国際観光学会論文集』第一五号、二〇〇八年
中川剛『町内会――日本人の自治感覚』中公新書、一九八〇年
日本温泉協会編『温泉風土記――随筆』修道社、一九五七年
三好昭一郎監修『目で見る徳島の100年』郷土出版社、一九九九年
矢野敬一『「家庭の味」の戦後民俗誌――主婦と団欒の時代』青弓社、二〇〇七年
山村基毅『民謡酒場という青春――高度経済成長を支えた唄たち』ヤマハミュージックメディア、二〇一〇年
吉田源鵬『いいたかふんじゃん――北海盆唄考』文芸社、二〇一六年
渡邊洋吉『戦時下の日本人と隣組回報』幻冬舎ルネッサンス新書、二〇一三年
「市ヶ谷台で盆踊り」『毎日新聞』一九四六年八月二五日号
城崎温泉観光協会公式サイト　https://kinosaki-spa.gr.jp/
田中瑞穂「2019年名古屋城盆踊りの雑感。」（二〇一九年八月一九日）
https://note.com/omega01/n/n97f9be6bdf5d
玉川大学ウェブサイト　https://www.tamagawa.jp/university/
「終戦の夜、郡上おどり決行　心つなぐ輪市民に勇気」岐阜新聞Ｗｅｂ（二〇二〇年八月一五日）
https://www.gifu-np.co.jp/news/20200815/20200815-265160.html
「ひろしま盆ダンス」ウェブサイト　https://hiroshima-bon-dance.jp/
「北海観光節」ウェブサイト　https://www.onitoge.org/
「北海道炭鉱産業の歴史と「炭鉱（やま）の記憶」」北海道空知総合振興局ウェブサイト
https://www.sorachi.pref.hokkaido.lg.jp/ts/tss/guide-akabira2.pdf
「レクリエーション運動の歴史」日本レクリエーション協会ウェブサイト
https://www.recreation.or.jp/association/folder/

第三章
阿南透「高度経済成長期における都市祭礼の衰退と復活」『国立歴史民俗博物館研究報告』第二〇七集、国立歴史民俗博物館、二〇一八年
伊藤達也「年齢構造の変化と家族制度からみた戦後の人口移動の推移」『人口問題研究』第一七二号、一九八四年
瓜生朋恵・梶木典子・上野勝代「居住者の記憶をもとにした1960年代における団地暮らしの記憶――千里ニュータウンを事例として」『日本建築学会技術報告集』第二一巻第四七号、二〇一五年
江崎雄治「高度経済成長期の人口移動と大都市圏の高齢化――日本の人口変動における意味合いを考える」『統計』第六八巻第一一号、二〇一七年
川崎市編『川崎市史　通史編4上（現代行政・社会）』川崎市、一九九七年
木戸芳清「新興住宅地の盆踊り」『望星』第二一巻第一号、一九九〇年
記念誌編集委員会編『つちとり　45年の歩み――土取団地45周年記念誌』土取団地自治会、二〇〇一年
小池高史『「団地族」のいま――高齢化・孤立・自治会』書肆クラルテ、二〇一七年
高橋勇悦「都会人とその故郷」小林忠雄・有末賢・内田忠賢・倉石忠彦編『都市生活の諸相――都市民俗基本論文集3』岩田書院、二〇一一年
原口剛「騒乱のまち、釜ヶ崎」原口剛・稲田七海・白波瀬達也・平川隆啓編著『釜ケ崎のススメ』洛北出版、二〇一一年
藤沢毅「多摩地域の公団団地（UR賃貸）の開発概要」『多摩のあゆみ』第一七三号、二〇一九年
本田団地町内会連合会『本田団地10周年記念誌』本田団地町内会連合会、一九八〇年
山村基毅『民謡酒場という青春――高度経済成長を支えた唄たち』ヤマハミュージックメディア、二〇一〇年
若林幹夫『郊外の社会学――現代を生きる形』ちくま新書、二〇〇七年
『光が丘団地風土記』光が丘団地自治会、一九八二年

「盆踊り大会（ブリヂストンタイヤ横浜工場）」『旬刊福利厚生』一九七五年八月八日号
ダイキン工業株式会社「サステナビリティレポート　２０１７」 https://www.daikin.co.jp/csr/report2017/daikin_csr2017_all.pdf
原口剛「〈スクエア〉生成の過程と条件——寄せ場・釜ヶ崎からの視点」『アサヒ・アートスクエアリサーチ・ジャーナル』第1号　https://www.asahigroup-holdings.com/csr/mecenat/artsquare/files/journal/uploads/ARJ_01_TakeshiHaraguchi.pdf
村田らむ「20代無職の男が大阪・釜ヶ崎で見出した希望——幸せになれる夏祭りと変わっていく街並み」東洋経済オンライン（二〇一八年四月二六日）　https://toyokeizai.net/articles/-/216959

第四章

朝日新聞学芸部編『ニューファミリー』草風社、一九七六年
大石始『ニッポン大音頭時代——「東京音頭」から始まる流行音楽のかたち』河出書房新社、二〇一五年
吹田市立博物館・多摩市文化振興財団企画・編集『ニュータウン誕生——千里&多摩ニュータウンに見る都市計画と人々』パルテノン多摩、二〇一八年
東京ステーションギャラリー『ディスカバー、ディスカバー・ジャパン　「遠く」へ行きたい』東京ステーションギャラリー、二〇一四年
パルテノン多摩編『多摩ニュータウン開発の軌跡——「巨大な実験都市」の誕生と変容　企画展』パルテノン多摩、一九九八年
藤沢毅「多摩地域の公団団地（UR賃貸）の開発概要」『多摩のあゆみ』第一七三号、二〇一九年
三浦展『ファスト風土化する日本——郊外化とその病理』洋泉社新書y、二〇〇四年
『月刊千里あさひくらぶ』二〇一九年一月号
『時刻表』一九七〇年一一月、日本交通公社
国土交通省『平成14年度　国土交通白書』　https://www.mlit.go.jp/hakusyo/mlit/h14/H14/index.html

「伊丹の盆踊り　ビューティフル・サンデー」「朝日新聞デジタル」（二〇一五年八月八日）
https://www.asahi.com/articles/ASH7X6KCJH7XPIHB02X.html
「開発者に聞く「千里ニュータウンの回顧」」ウェブサイト「ディスカバー千里」（二〇一八年五月四日更新）
https://discover-senri.com/blog/20110514-1285
「このまちのストーリー　千里ニュータウン」ＡＢＣハウジングウェブサイト
https://www.abc-housing.co.jp/sumai/konomachistory/senrinewtown/index.html
「これからも変わらないために変化する「千里青山台の夏祭り」」無印良品の家ウェブサイト「千里青山台団地物語」（二〇一四年八月二九日）https://house.muji.com/life/clmn/aoyamadai/aoyamadai_140829/
「新千里西町の暮らし」ウェブサイト「ディスカバー千里」（二〇一八年五月四日更新）
https://discover-senri.com/blog/20141007-1301
「千里ニュータウンの宗教施設／宗教的な場所」ウェブサイト「ニュータウン・スケッチ」（二〇一八年一二月一一日更新）https://newtown-sketch.com/blog/20180821-21175
「多摩ニュータウンでファンタジーな実験　DE DE MOUSE ×柴幸男」（インタヴュアー・島貫泰介）CINRA.NET https://www.cinra.net/interview/201508-1kmfes
「千葉ニュー夏祭り情報２０１９　中央北地区夏祭り」ブログ「親方の知らない世界's」（二〇一九年八月一八日）
https://oyakata56.com/cnt-center-summer-northarea-2019
「盆踊り定番は研ナオコさん「京都の女の子」なぜか伝統」「朝日新聞デジタル」（二〇一九年八月一三日）
https://www.asahi.com/articles/ASM8776Z3M87OIPE026.html

第五章

相澤亮太郎「阪神淡路大震災被災地における地蔵祭祀――場所の構築と記憶」『人文地理』第五七巻四号、二〇〇五年
浦野正樹「バブル経済期の社会変動と地上げに対する地域社会の動き」『日本都市社会学会年報』第三五号、二

〇一七年
大石始「マツリ・フューチャリズム」『サイゾー』二〇一六年七月号・二〇一七年四月号
柴台弘毅「日本のポピュラー音楽におけるスタンダード生成過程の類型化――「ダンシング・ヒーロー（Eat you up）」盆踊りを事例に」『関西大学大学院人間科学　社会学・心理学研究』第八四号、二〇一六年
中田実「町内会・自治会の特質と現代的課題」『住民と自治』第六三三号、二〇一六年
三浦展『ニッポン若者論――よさこい、キャバクラ、地元志向』ちくま文庫、二〇一〇年
矢島妙子『「よさこい系」祭りの都市民俗学』岩田書院、二〇一五年
「あの時あの場所　大震災9年」『神戸新聞』二〇〇四年一月一三日
厚生労働省『平成23年版 厚生労働白書』 https://www.mhlw.go.jp/wp/hakusyo/kousei/11/
田中瑞穂「2019年名古屋城盆踊りの雑感。」（二〇一九年八月一九日）
https://note.com/omega01/n/n97f9be6bdf5d
千代田区「令和元年版 千代田区行政基礎資料集　人口・面積」
https://www.city.chiyoda.lg.jp/documents/18829/r1-kisoshiryo.pdf
「盆踊り大会を実施して思うこと。もう盆踊りを継続出来ない悲鳴!?」東栄会自治会ホームページ（二〇一五年七月二〇日）　http://toeikai.main.jp/?p=543
「〝よさこいエリート〟と振り返る、商店街と共に歩んだ高知「よさこい祭り」66年の全歴史」ウェブサイト「さんち――工芸と探訪」　https://sunchi.jp/sunchilist/kochi/103441

第六章
大島隆『芝園団地に住んでいます――住民の半分が外国人になったとき何が起きるか』明石書店、二〇一九年
大友良英『学校で教えてくれない音楽』岩波新書、二〇一四年
杉田政夫・懸田弘訓・佐々木繁子・川田強・大越良子「東日本大震災後の福島県浜通り地方における民俗芸能の被災と復興の状況」『福島大学地域創造』第二九巻第二号、二〇一八年

ゆめなりき「自治会×若者の多世代交流「成木地区大盆踊り大会」」『まちむら』第一四〇号、二〇一七年
鷲巣功『河内音頭』Pヴァイン、二〇一九年
「「移民流入」日本4位に　15年39万人、5年で12万人増」「西日本新聞」二〇一八年五月三〇日
「福島県双葉町の盆踊り・いわきの復興団地で開催」「いわき経済新聞」二〇一九年八月一一日
法務省「在留外国人統計（旧登録外国人統計）統計表」
https://www.moj.go.jp/housei/toukei/toukei_ichiran_touroku.html
「「踊りすぎて体が痛い」災害公営住宅で初の盆踊り」「朝日新聞デジタル」（二〇一八年八月一八日）
https://www.asahi.com/articles/ASL8K3C34L8KULZU001.html
「岐阜・愛知県民は、荻野目洋子の「ダンシング・ヒーロー」で盆踊りにフィーバーする」「Jタウンネット岐阜県」（二〇一四年六月二五日）https://j-town.net/gifu/column/gotochicolumn/187344.html?p=all
「大正大学学生、４０００人が集まる盆踊りをプロデュース「第９回鴨台盆踊り　人と霊輪になる」開催」共同通信ＰＲワイヤー（二〇一九年六月二八日）
https://kyodonewsprwire.jp/prwfile/release/M104829/201906278067/_prw_PR1fl_A7VByGND.pdf
「ダムに沈んだ盆踊り、都会の若者が継承　旧村民の目に涙」「朝日新聞デジタル」（二〇一九年一月三一日）
https://www.asahi.com/articles/ASM1Q65PQM1QOHGB00W.html
「〈福島第1原発事故〉夏祭りがつなぐ住民交流　福島・災害公営住宅『北沢又団地』」「河北新報オンラインニュース」（二〇一九年八月一八日）https://www.kahoku.co.jp/tohokunews/201908/20190818_63002.html
「プロジェクト「ＦＵＫＵＳＨＩＭＡ！」宣言」「プロジェクトＦＵＫＵＳＨＩＭＡ！」ウェブサイト
https://www.pj-fukushima.jp/about/2011.php

終章

大石始「マツリ・フューチャリズム」『サイゾー』二〇二〇年四・五月号
蒲池勢至『お盆のはなし』法藏館、二〇一二年

大石始「もう一度私たちが集まれるように。祭り、盆踊り開催の行方」CINRA.NET
https://www.cinra.net/column/202008-matsuri_myhrt
「自分勝手や残酷なことして「バチがあたる」…信じる人76%、半世紀前より割合高く」読売新聞オンライン（二〇二〇年五月二九日） https://www.yomiuri.co.jp/election/yoron-chosa/20200528-OYT1T50326/
「死んだらどうなる？ 4割以上の人が答えた意外な死生観」CanCam.jp
https://cancam.jp/summary/archives/172564

大石始 おおいし・はじめ

一九七五年、東京生まれ。ライター、編集者。日本の祭りや伝統芸能、アジアなど世界各地の大衆音楽／文化を中心に執筆している。旅と祭りの編集プロダクション「B.O.N」所属。著書に、『ニッポン大音頭時代』（河出書房新社）、『ニッポンのマツリズム』（アルテスパブリッシング）、『奥東京人に会いに行く』（晶文社）など、編著書に『大韓ロック探訪記』（長谷川陽平著、DU BOOKS）などがある。

筑摩選書 0202

盆踊《ぼんおど》りの戦後史《せんごし》 「ふるさと」の喪失《そうしつ》と創造《そうぞう》

二〇二〇年一二月一五日　初版第一刷発行

著　者　大石始《おおいしはじめ》

発行者　喜入冬子

発　行　株式会社筑摩書房
東京都台東区蔵前二-五-三　郵便番号　一一一-八七五五
電話番号　〇三-五六八七-二六〇一（代表）

装幀者　神田昇和

印刷 製本　中央精版印刷株式会社

ISBN978-4-480-01719-2 C0339

筑摩選書
0077

北のはやり歌

赤坂憲雄

昭和の歌謡曲はなぜ「北」を歌ったのか。「リンゴの唄」から「津軽海峡・冬景色」「みだれ髪」まで、時代を映す鏡である流行歌に、戦後日本の精神の変遷を探る。

筑摩選書
0078

紅白歌合戦と日本人

太田省一

誰もが認める国民的番組、紅白歌合戦。今なお40％台の視聴率を誇るこの番組の変遷を、興味深い逸話を交えつつ論じ、日本人とは何かを浮き彫りにする渾身作！

筑摩選書
0115

マリリン・モンローと原節子

田村千穂

セクシーなモンロー、永遠の処女のような原節子……。一般イメージとは異なり、いかに二人が多面的な魅力に満ちていたかを重要作品に即して、生き生きと描く。

筑摩選書
0116

戦後日本の宗教史
天皇制・祖先崇拝・新宗教

島田裕巳

天皇制と祖先崇拝、そして新宗教という三つの柱を軸に、戦後日本の宗教の歴史をたどり、日本社会と日本人の精神がどのように変容したかを明らかにする。

筑摩選書
0153

貧困の戦後史
貧困の「かたち」はどう変わったのか

岩田正美

敗戦直後の戦災孤児や浮浪者、経済成長下のスラムや寄せ場、消費社会の中のホームレスやシングルマザーなど、貧困の「かたち」の変容を浮かび上がらせた労作！

筑摩選書
0157

童謡の百年
なぜ「心のふるさと」になったのか

井手口彰典

心にしみる曲と歌詞。兎を追った山、小川の岸のすみれやれんげ。まぶたに浮かぶ日本の原風景。童謡誕生百年。そのイメージはどう変化し、受容されてきたのか。